EDITION MOONFLOWER

BAND 7

FEUER STEINE UNGEHEUER

VON
EVE GRASS

www.verlag-der-schatten.de

Erste Auflage 2024

Lektorat: Shadodex – Verlag der Schatten

Bettina Ickelsheimer-Förster, Ruhefeld 16/1,
74594 Kreßberg-Mariäkappel
printed in Germany (www.wir-machen-druck.de)
ISBN: 978-3-98528-312-5

Inhalt

… Denn einst wird sie wieder hervorbrechen aus den hohlen Kegeln unter den Gipfeln von Osser und Arber. Und sie wird nicht mehr allein sein.

Als im Bayerischen Wald leichte Erschütterungen die Gegend für Wanderer unsicher machen, ahnt noch niemand, wer oder was dafür verantwortlich ist. Doch gerade diese Tatsache reizt Rebecca Goldman. Sie verbringt kurzerhand ihren Urlaub in der Gegend, um den seltsamen seismischen Unregelmäßigkeiten auf den Grund zu gehen. Dabei stößt sie auf verstockte Einheimische, die mehr wissen, als sie preisgeben, und ein altes Buch, das vergessenen Mythen plötzlich einen neuen Sinn verleiht.

ERSTER TEIL

1

Im Jahr 2022 mitten im Hochsommer

Sie schnaubte. Eine einzelne Träne kullerte aus dem halb geöffneten Auge und trat die Reise in die Dunkelheit an. Mit einem platschenden Geräusch landete sie weit unten, im siebten Kegel. Ihre letzte Hoffnung war er gewesen, der siebte, denn der war der tiefste. Aber auch darin lag das Ei kalt und leblos. Es hatte schon die Farbe verändert und wirkte wie der grau schimmernde Gneis, der es umgab. Der Schmerz über den erneuten Verlust ließ ihren hornbewehrten Schwanz zittern, obwohl sie um die Gefahr wusste. Im Lauf der Zeit wurde es immer schwerer für sie, sich ruhig zu verhalten.

Ein Grollen fuhr durch den Berg. Steinbrocken lösten sich und knallten herab. Über ihr klaffte der nächste Riss in den mehrfarbigen Schichten aus Gneis und Granit. Myriaden der winzigen Mitbewohner stoben erschrocken auf und strebten panisch dem ungewohnt grellen Licht entgegen. Ein Fehler – das wusste sie –, aber nicht änderbar.

2

Endlich Urlaub, dachte ich mir, als ich erwartungsvoll die Seite im Internet öffnete. Gipfel lockten mich schon immer. Diejenigen, die ich auf dem Bildschirm erblickte, waren über tausend Meter hoch und gar nicht weit von meinem Wohnort entfernt. Flugreisen glichen in diesem Sommer ohnehin einem Horrortrip. Überfüllte Flughäfen, Annullierungen, verschwundene Koffer und exorbitante Preise brachten mich rasch auf die Idee, eine wirklich spannende Alternative für meine wenigen freien Tage zu suchen.

Ich … sorry, Sie wissen ja noch nicht einmal, mit wem Sie es zu tun haben. Rebecca Goldman mein Name, fünfundvierzig Lenze alt, Realistin und Umweltschützerin. Ich stamme aus den USA, genauer gesagt aus Minnesota. Aber Deutschland, respektive Bayern, begeisterte mich schon als Jugendliche. Berge und Seen, weißblauer Himmel. Tja, deswegen lebe ich jetzt hier, arbeite als Vollzeitpflegekraft in Großhadern, einer der modernsten und größten Kliniken der Landeshauptstadt München, und … bin sehr oft urlaubsreif.

Von den Gipfeln, die mir unter stahlblauem Himmel von der Webseite entgegenprangten, hatte ich, wenn ich ehrlich bin, noch nie etwas gehört. Wenn man in München lebt und arbeitet, sind die

Alpen zum Greifen nah. Allerdings werden die sehr häufig »ergriffen«, was zu überfüllten Parkplätzen und Warteschlangen an den Gipfelkreuzen führt. Von den Müllbergen hinter den Schutzhütten ganz zu schweigen.

Sieben Tausender wollte ich mir im Urlaub gönnen. Wie auf einer Perlenschnur reihten die sich am südöstlichen Rand Deutschlands aneinander. Namen wie großer und kleiner Osser, Maxfelsen und Wagnerspitze klangen vielversprechend. Orte wie Lam oder Lohberg boten günstige Übernachtungsmöglichkeiten – kein Vergleich zu den überhöhten Hotelpreisen in Berchtesgaden oder Bad Reichenhall. Und überlaufen wäre die Gegend sicher auch nicht.

Ich setzte ein Lesezeichen und schloss die Internetseite. In ein paar Tagen würde ich das Urlaubsziel noch mal genauer studieren. Die Attribute »atemberaubende Landschaft« und »einsame Wanderwege« hakte ich auf meinem Wunschzettel schon mal ab. Der Punkt »spannende Ferientage« blieb offen – allerdings nicht lange.

Ich staunte nicht schlecht, als ich an jenem Abend den Fernseher in meinem Apartment mit Blick auf den Hubschrauberlandeplatz einschaltete. Der Heli war mal wieder unterwegs, um einen neuen Patienten ins Klinikum zu bringen, also blieb mir ein wenig Zeit für die Nachrichten um acht, ohne das Gerät auf volle Lautstärke drehen zu müssen.

Eine Nachrichtensprecherin im roten Sommerkleid berichtete von einer Gegend, die ich bereits aus dem Internet kannte.

»Völlig rätselhaft erscheint den angereisten Geologen der erneute schmale Riss im Felsgestein, der sich zwischen dem Maxfelsen und der Hindenburgkanzel erstreckt. Es handelt sich bereits um das zweite ungeklärte Phänomen in der Region nahe des Nationalparks Bayerischer Wald. Erst vor vier Wochen wurde auf dem Höhenzug zwischen dem kleinen Osser und dem Gipfelkreuz des großen Osser ein rätselhafter Spalt entdeckt, der vermutlich tief in die Gesteinsschichten hinabreicht.« Die Sprecherin, deren Haare von einem fiesen Wind Richtung Mikro geweht wurden, bückte sich kurz. Dann hielt sie einen kleinen, glitzernden Stein in die Kamera. »Ein Ehepaar, welches in den Nachmittagsstunden des zehnten Augusts in der Gegend wanderte, vernahm ein Grollen im Untergrund, bevor sich der Riss zeigte, der auch den Wanderweg durchbrach. Mehrere dieser sogenannten Cordieriten lagen unweit des aufgebrochenen Weges, so berichteten die Augenzeugen. Es handelte sich den Messungen zufolge nicht um ein Erdbeben.«

Der Wind rauschte im Mikro. Die Dame in Rot drehte sich leicht weg. Ein Berggipfel kam in Sicht. Weißblauer Himmel beleuchtete kahlen Fels und tiefgrüne Tannen.

Was für eine geniale Landschaft, dachte ich mir.

»Laut Fachleuten besteht keine Gefahr für die Menschen in der Gegend. Dennoch rät der Landkreis Cham, sowie der Landkreis Regen, von ausgedehnten Wanderungen in den Höhenlagen über tausend Meter abzusehen. Man erwartet eine baldige Klärung. Wir werden weiter berichten. Ich gebe zurück ins Studio …«

Rrrrroooooaaaar – der Hubschrauber näherte sich. Die Rotorblätter knallten wie Peitschen, als er die Fahrt verringerte, um auf dem kreisrunden Platz mit dem großen »H« darauf zu landen.

Morgen gäbe es auf der Arbeit wieder viel zu tun, gottlob nahte der Urlaub.

Ich schaltete den Fernseher ab und schloss das Fenster. Gleich darauf setzte ich mich an den Computer.

Dennoch wird von ausgedehnten Wanderungen in den Höhenlagen über tausend Meter abgeraten.

Das Häkchen auf meiner Liste für »spannende Ferientage« erschien wie von Geisterhand. Und gleich darauf buchte ich mir ein Zimmer in der Pension »Osserstern« in Lohberg.

3

Die geologischen Veränderungen im Bayerischen Wald befeuerten leider das Unvermeidliche – ich hätte es wissen sollen. Als ich an einem heißen Augusttag mit meinem Auto Lohberg erreichte, kamen mir auf der Durchgangsstraße Horden von Sensationstouristen entgegen. Mit hochroten Gesichtern, Wanderstöcken und Rucksäcken ergossen sie sich in den kleinen Ort, in dem auch ich mir eine Unterkunft gesucht hatte.

Ich parkte meinen Polo in einer Seitenstraße, hievte meinen Koffer heraus und machte mich zu Fuß auf zur Pension »Osserstern« im Ortskern. E-Bikes standen quer auf dem Gehweg, aufgeregt schwatzende Wanderer ignorierten mich und das schwere Gepäck. Einen ruhigen, erholsamen Urlaubsbeginn hatte ich mir wahrlich anders vorgestellt.

Ach, was soll's Becca, mach das Beste draus, fuhr mir durch den Kopf, als ich die Tür mit dem Schild »Herzlich willkommen im Bayerwald« öffnete.

Kühle Luft schlug mir entgegen – die Pension verfügte über eine Klimaanlage –, als ich mich mit dem Koffer hinter einem älteren Herrn, der in eine heftige Diskussion mit der Hotelangestellten verwickelt war, an der Rezeption anstellte.

»Ich habe vor zwei Tagen erst angerufen, da hieß es, es wären noch genügend Zimmer frei. Deswegen habe ich auch nicht gebucht. Ich will doch nur übers Wochenende bleiben.«

»Es tut mir aufrichtig leid, Herr Ullmann, wir wurden von den Buchungsportalen regelrecht überfallen. Derzeit haben wir nicht mal mehr eine Besenkammer frei.«

Die Rezeptionistin in ihrem rot karierten Hemd und der Lederhose grinste entschuldigend. Auf ihrem Namensschild stand: *»Sie sprechen mit Uschi Weber.«*

»Na gut, dann empfehlen Sie mir wenigstens ein alternatives Hotel.«

Ullmann, ein untersetzter Mann mit Glatze, schätzungsweise Ende sechzig, beugte sich über den Tresen, um leiser reden zu können. Dass ich in einem halben Meter Entfernung mit einem schweren Koffer auf das Ende der Konversation wartete, schien ihn nicht zu stören.

»Man munkelt, dass man im Ossergebiet seltsame Insekten entdeckt hat, die aus dem Riss … Sie wissen schon …«

»Um Himmels willen, Herr Ullmann, glauben Sie bitte nicht alles, was Sie derzeit hier in der Gegend in den Wirtshäusern hören. Verschwörungstheorien verbreiten sich schneller, als Sie Ihre Halbe am Biertisch geleert haben.« Die Frau in der Karobluse seufzte. »Wenn Sie der Dame, die hinter Ihnen steht, den Vorrang lassen, versuche ich später, im Hotel ›Waldkönig‹ noch ein Zimmer für Sie zu ergattern. Das Haus befindet sich fünfzehn Kilometer östlich in einer kleinen Ortschaft nahe der Grenze.«

»Aber ich möchte etwas geboten kriegen, wenn ich nicht mal den Verschwörern am Biertisch lauschen darf.«

»Das Hotel bietet einiges, zum Beispiel Busfahrten zum ›Further Drachenstich‹. Das Spektakel ist sehenswert. Ein feuerspeiender Drache wird da gezeigt, in Lebensgröße.«

Innerlich musste ich schmunzeln. Die Rezeptionistin hatte die Schweißtropfen auf meinem Gesicht offensichtlich bemerkt.

Der Glatzköpfige fuhr herum, musterte mich mit einer Mischung aus Unmut und Neugierde, dann trat er genervt zur Seite. »Nun gut«, murrte er. »Besser der Drache aus Furth im Wald als Langeweile.«

Mit einem freundlichen Lächeln nahm ich nach nur wenigen Sekunden den Zimmerschlüssel entgegen. Fragen nach seltsamen Phänomenen rund um Lohberg verkniff ich mir selbstredend. Heute noch würde ich meine Wanderrouten sorgsam planen und mir von den Vorgängen rund um die Tausender ein eigenes Bild machen. Aber erst einmal sehnte ich mich nach einem gemütlichen Zimmer mit Dusche und einem TV-Gerät, um die Nachrichten zu verfolgen.

4

»Zwei junge Frauen wurden mit dem Hubschrauber schwer verletzt in das Krankenhaus Deggendorf geflogen.«

Die Sprecherin trug dieses Mal ein schwarzes T-Shirt und Jeans. Sie wirkte, als sei ihr erneuter Einsatz vor der Kamera sehr überhastet beschlossen worden.

Gebannt saß ich vor dem Flachbildschirm in meinem Mansardenzimmer und verfolgte die Sendung. Der Bayerische Wald rückte immer mehr in den Fokus der Medien. Erneut hatte es einen Vorfall gegeben. Dieses Mal südlich des Zwerchecks, einem Gipfel direkt an der Grenze zur Tschechischen Republik.

»Trotz der Warnung der Landratsämter begaben sich in den frühen Nachmittagsstunden zwei Frauen auf den Weg vom Hochplateau ›Scheibe‹ zum Gipfel des Zwerchecks. Per Handy riefen sie nach Hilfe, nachdem beide im Wald von herabrollenden Felsen verletzt worden waren. Neben Knochenbrüchen leiden die Frauen an Vergiftungserscheinungen. Nach deren Schilderungen zeigten sich

Risse im Waldboden, aus denen gelbliche Dämpfe drangen. Die behandelnden Ärzte gehen derzeit davon aus, dass die Wanderinnen aufgrund von Stress und Sonneneinstrahlung verwirrt sein könnten.«

Lächelnd richtete sie das Mikro in eine optimale Position, streifte die halblangen Haare aus der Stirn, dann setzte sie ihre Reportage fort. Dieses Mal hatte sie sich mit ihrem Kameramann auf einem überfüllten Wanderparkplatz postiert. Wie zu vermuten war, schwenkte das Bild über die zahllosen Autodächer der blitzenden SUVs.

»Die Landratsämter Cham und Regen appellieren eindringlich, das Gebiet nicht mehr zu betreten. Rund um die Orte Lohberg und Lam kommt es bereits zum sogenannten Sensationstourismus. Gerne informieren Sie die Tourismusbehörden über alternative Wanderrouten. Zurück ins Studio – zur Wettervorhersage.«

Ich schaltete das Gerät ab und lief zum Fenster. Als ich es öffnete, drang kühle Luft in das Zimmer. Hier in der Gegend wüteten die Hitzewellen, die Großstädte wie Nürnberg und München oftmals überfielen, nicht so krass. Selten zeigte das Thermometer über dreißig Grad im Schatten und die zahlreichen Bäche, die von den Höhenlagen in die Täler hinabflossen, brachten Kühlung.

Mein Blick fiel auf den Osser, dessen kahler, kegelförmiger Kopf aus den sattgrünen Steilhängen hervorragte. Ich hatte mich daheim in München schon über den beeindruckenden Gipfel informiert. Im Gegensatz zu den übrigen Tausendern besteht das Osser-Massiv aus Glimmerschiefer und Quarziten. Bei der Bildung dieser Gesteine herrschten andere Bedingungen als bei den sonst weit verbreiteten Graniten und Gneisen. Welch hohe Temperaturen und was für ein unvorstellbarer Druck mussten geherrscht haben, um den Fels zu erschaffen? Und jetzt? Gab es dort Höhlen unter den Gipfeln?

Feuer – Steine – Ungeheuer!

Energisch schüttelte ich den Kopf. An so einen Blödsinn hatte ich nicht einmal in meiner Kindheit geglaubt. Trotzdem begleiteten mich diese komischen Gedanken, die ich nicht einordnen konnte, die ganze Nacht über.

5

Sie war nicht allein. Das Männchen hauste in einem einsamen Stollensystem weiter im Norden. Nur selten näherte er sich ihr, denn auch seine Bewegungen versetzten die sechshundertmillionen Jahre alten Gesteinsschichten in Schwingungen und könnten damit die kleinen, zweibeinigen

Wesen alarmieren. Noch ein Jahrhundert bliebe Zeit. Wenn dann nicht wenigstens eines der Eier aufspränge und neues Leben hervorbrächte, wäre die Art ausgestorben. Denn auch sie würde irgendwann sterben. Aber vielleicht beabsichtigte die Natur genau das? Die Lebensbedingungen gestalteten sich schon jetzt fatal. Höhlen waren ihr Zuhause, anders als noch vor tausend Jahren, als ihre Vorfahren unter blauem Himmel auf die Jagd gingen.

6

Ich träumte schlecht. Feuerspeiende Monster setzten Dächer in Brand und brachten Tod und Verwüstung. Ein mutiger Ritter wollte die Bewohner von Furth im Wald vor dem Untergang bewahren. Er zog aus, das Böse zu besiegen. Aber … warum wurde die Stadt angegriffen?

Feuer – Steine – Ungeheuer?

Schweißgebadet erwachte ich. Da waren sie wieder, diese seltsamen Gedanken, die ich schon gestern bemerkt hatte, während ich den Ossergipfel betrachtete.

Müde setzte ich mich auf. Dann fiel mein Blick auf den kleinen Reisewecker, den ich aufs Nachtkästchen gestellt hatte. Schon halb neun? Eigentlich wollte ich um sieben loswandern, bevor die

Massen aufbrachen, um die seltsamen Risse zu beobachten.

Von unten drangen Stimmen zu mir ins Zimmer hoch. Die Wände der Pension schienen extrem hellhörig zu sein. Hektische Laute – Fetzen davon konnte ich verstehen.

»Anordnung vom Landratsamt, gerade eben per Mail gekommen, ich kann es leider nicht ändern.«

»Wir haben es den Kindern versprochen. Sie wollen auf den Gipfel klettern.«

»Seien Sie vernünftig. In Lam gibt es ein schönes Schwimmbad.«

Hatte es einen erneuten Vorfall gegeben?

Ich stand auf. Mein erster Weg führte mich zum Fernseher. Das Morgenmagazin müsste jetzt laufen, vielleicht gab es Neuigkeiten zum Thema: »Seltsame Phänomene im Bayerischen Wald.«

Der Bildschirm wurde hell. Zwei Moderatoren, die auf einer Couch saßen, unterhielten sich. Im Hintergrund, auf einem riesigen Monitor, waren Luftbilder zu erkennen. Die Gegend kam mir auf der Stelle bekannt vor. Ich hätte nur aus dem Fenster schauen müssen, um dasselbe Bild zu sehen.

»Noch immer rätseln die Wissenschaftler, was die Risse im Gestein des Mittelgebirgszuges nahe der tschechischen Grenze verursacht. Erste Messungen mit Sonden lassen vermuten, dass hier in der Gegend Bergbau betrieben wurde, und zwar weit vor dem allgemein bekannten Eisenerzabbau um das Jahr sechzehnhundert. Könnten Aushöhlungen unter den Gipfeln zu der mysteriösen Instabilität führen? Noch liegen uns keinerlei Beweise für derartige Theorien vor. Die Gegend ist touristisch erschlossen und wird exzessiv genutzt«, sprach die Moderatorin in die Kamera und setzte mit dem Blick auf ihren Kollegen fort: »Du hast heute früh mit der Landrätin von Regen gesprochen, Karl. Was genau hat dazu geführt, dass nun ein Großteil der Wanderwege, die über den Höhengrat vom Osser bis zum großen Arber führen, gesperrt wurde?«

Karl, der schlanke junge Mann, der auch an heißen Tagen stets ein farbenfrohes Sakko trug, schaute direkt in die Kamera. »Ja, liebe Britt, das kann ich unseren Zuschauern verraten. Noch in der Nacht ist eine Wandergruppe von Lohberg gestartet, um den Sonnenaufgang auf dem Gipfel des kleinen Arbers zu genießen. Es handelt sich um vier Personen, eine davon ein fünfzehnjähriges Mädchen. Wegen der Brisanz der Wanderung wollten sie sich nach Erreichen des Gipfels beim Hotelier melden. Die Gruppe ist seither spurlos verschwunden. Eine Handyortung hat keinerlei Hinweise auf den Verbleib der Wanderer gegeben. Mehrere Hubschrauber der Bundeswehr und der

Bundespolizei kreisen über dem dichten Waldgebiet. Außer einem erneuten Riss, der in der Nähe des kleinen Arbersees gesichtet wurde, hat man nichts entdeckt. Aus diesem Grund hat Regine Rot, die Landrätin aus Regen, mit sofortiger Wirkung die Hauptwanderrouten im Gebiet sperren lassen. Wir rechnen in den nächsten Stunden damit, dass auch der Landkreis Cham die Anweisung herausgeben wird. Von der Sperrung der Wege dürften Tausende von Touristen betroffen sein, die im Bayerischen Wald derzeit ihren Sommerurlaub verbringen.«

Kopfschüttelnd verfolgte ich die Nachrichten. Weitere Theorien wurden diskutiert. Ein Geowissenschaftler aus Spanien erschien auf dem Monitor. Er berichtete von der sogenannten exogenen Dynamik, also dem Einfluss des Wetters und letztendlich des Menschen, der Gesteinsschichten verändern konnte, auch wenn sie Millionen von Jahren existierten. Eventuell verlassene Stollen aus dem frühen Mittelalter, zusammen mit Trockenheit, Hitze und Erosion, könnten auch Mittelgebirge instabil werden lassen.

Nach einer Viertelstunde befiel mich das Gefühl, dass hinter den seltsamen Rissen, den angeblich neuartigen Insekten und den verschwundenen Wanderern etwas Mächtiges, Unfassbares lauerte. Als Realistin kannte ich derartige Vermutungen nicht, aber nach einer Weile bildete sich Gänsehaut auf meinen Armen. Denn jetzt wurde ein Greis eingeblendet, der von einer jungen Reporterin in seinem Haus interviewt wurde. Der Mann war schätzungsweise hundert Jahre alt. Er trug einen schlohweißen, langen Bart und blickte mit wässrig blauen Augen in die Kamera. Den Redeschwall seines Gegenübers ignorierend näherte er sein Gesicht dem Objektiv und legte einfach los. Der Dialekt des Alten klang für mich wie »Mandarin«, dennoch schnappte ich einige Brocken auf.

Augenblicklich wurde mir eiskalt. Der Traum der letzten Nacht fiel mir wieder ein.

Die Kamera schwenkte zurück zur Reporterin. »Adrian Felderknecht bezeichnet sich selbst als Urgestein der Gegend hier. Er lebt seit seiner Geburt nahe der Arberhütte, etwa fünf Kilometer entfernt vom Grenzort Bayerisch Eisenstein. Ihn wundern die seltsamen Risse, die sich seit Wochen im felsigen Untergrund bilden, keineswegs. Vielleicht hat der eine oder andere von Ihnen seine klangvolle Sprache nicht verstanden, deswegen möchte ich Ihnen Herrn Felderknechts Bericht übersetzen: *Damals, als man dem Fels gierig die glänzenden Steine entriss, entstanden die Höhlen über den Wurzeln der Berge. Dorthin hat SIE sich zurückgezogen und ihren Raum stetig vergrößert. Doch inzwischen rührt SIE sich im*

Untergrund. Ein schlechtes Zeichen. Wir sollten SIE besser in Ruhe lassen, aber es kommen ja immer mehr und poltern auf IHREM Kopf herum. Leute, bleibt weg von hier.« Die Reporterin grinste. »Sie sehen, verehrte Zuschauer, die Theorien rund um die seltsamen Phänomene sind vielfältig. Natürlich halten wir uns hier im Sender an wissenschaftliche Fakten. In einem Punkt müssen wir Herrn Felderknecht allerdings zustimmen: Es kommen immer mehr Touristen. Bitte meiden Sie das Gebiet. Falls Sie eine Pauschalreise gebucht haben, kontaktieren Sie Ihren Veranstalter. Er wird Ihnen alternative Ferienangebote unterbreiten. Wir bedanken uns ganz herzlich bei Adrian Felderknecht für seinen Beitrag.«

Das Bild des ernst dreinblickenden Weißhaarigen verschwand vom Monitor. Ein neues Thema beschäftigte die zwei Moderatoren auf der Couch.

»Wladimir Putin verkündete im staatlichen Fernsehen …«

Ich schaltete das TV-Gerät ab und starrte noch minutenlang auf die dunkle Mattscheibe.

Feuer – Steine – Ungeheuer, zog durch mein sonst reell geprägtes Gehirn.

Ein Höhlensystem unter den Gipfeln, die ich bewandern wollte? Konnte das sein? Darüber war nichts bekannt. Seit Jahrhunderten waren die Tausender im Bayerwald gut erforscht. Unbekannte

Stollen, in denen Ungeheuer hausten? Das war schlichtweg nicht möglich. Und doch ging mir das Bild des Alten aus der Fernsehsendung nicht mehr aus dem Kopf. Vielleicht sollte verhindert werden, dass jemand sie entdeckte. Und die »Wurzeln« der Berge? Was war damit gemeint?

Die Gänsehaut auf meinen Armen ließ mich regelrecht zittern. Denn plötzlich war ich mir sicher, dass der alte Mann im Fernsehen die Wahrheit sagte.

7

Erst um zehn Uhr erschien ich im Frühstücksraum der Pension »Osserstern«. Ich war die Einzige im Zimmer. Ein Gedeck stand noch auf dem Tischchen direkt am Fenster. Wurst, Käse, Marmelade, Butter und Brot waren schon abgeräumt. Aber die Rezeptionistin, die heute eine grün karierte Bluse trug, bemerkte mich schnell.

»Guten Morgen Frau Goldman, ich bringe Ihnen gleich Ihr Frühstück. Was wollen Sie denn gern trinken? Kaffee oder Tee? Soll ich Ihnen ein Ei kochen?«

Ich lächelte die Frau an, die sich bemühte, ihren starken Akzent etwas zu mildern, und sagte: »Machen Sie sich nicht zu viel Mühe. Ein großer

Becher Kaffee, eine Scheibe Brot mit dem leckeren Leberkäse, den es hier gibt, ist genug.«

Sie nickte übereifrig und drehte sofort um, um mich mit Essbarem zu versorgen, aber mir brannten zu viele Fragen auf den Lippen. Deswegen rief ich ihr nach: »Sagen Sie, ich habe in den Nachrichten gehört, dass nun die Hauptwanderrouten in zwei Landkreisen gesperrt wurden. Wissen Sie mehr drüber?«

Uschi Weber schien auf die Frage gewartet zu haben. Zackig kam sie zurück zu meinem Tisch, zuckte entschuldigend mit den Achseln und erklärte mir die Sachlage ausführlich. »Ja, das stimmt. Die Landkreise Cham und Regen sind von den Rissen im Gestein betroffen. Nachdem die Wandergruppe spurlos verschwunden ist, musste man von Amts wegen reagieren. Das ist wirklich eine furchtbare Sache. Wir sind angehalten, unsere Gäste darüber aufzuklären. Ich kann Ihnen gern ein paar Alternativen zu Ihren geplanten Wanderungen nennen. Auch ohne lange Fußmärsche wird es Ihnen bestimmt nicht langweilig werden in Lohberg. Sie wollen doch trotzdem hierbleiben?«

Ich nickte. Das Letzte, was ich derzeit wollte, wäre abzureisen. Jetzt wurde es erst richtig interessant.

Feuer – Steine – Ungeheuer.

»Das wäre lieb von Ihnen, Frau Weber. Aber ich denke, dass ich schon einige Ideen habe. Sagen Sie, können Sie mir Literatur zum ›Further Drachenstich‹ empfehlen?«

Ich sah den Schatten deutlich, der über die bisher freundlichen Züge der Rezeptionistin huschte. Das Lächeln, das sie mir jetzt präsentierte, wirkte aufgesetzt.

»Vorne im Eingangsbereich habe ich Prospekte. Es gibt zahlreiche Busunternehmen, die Fahrten dorthin anbieten. Der ›Drachenstich‹, das ist ein sehr unterhaltsames Spektakel. Der gute Ritter tötet jedes Jahr das feuerspeiende Monster vor den Zuschauern. Ich hätte Ihnen ohnehin vorgeschlagen, mal nach Furth im Wald zu fahren. Es ist nicht weit …«

»Ich habe mir das Prospekt schon durchgeschaut. Hab's gestern gleich mit aufs Zimmer genommen«, antwortete ich ihr. »Es handelt sich um ein farbenfrohes Schauspiel für Touristen. Aber ich meinte etwas anderes. Gibt es vielleicht alte Bücher über den wahren Ursprung der Sage? Wie kamen die Einwohner von Furth im Wald überhaupt darauf, dass sie von einem Drachen bedroht werden? Hat Lohberg eine Bibliothek?«

Uschi Weber zuckte bei »wahrem Ursprung« leicht zusammen, denn ich hatte beide Worte betont. Sie schien kurz zu überlegen. Dann erwiderte sie, allerdings wieder mit dem falschen Lächeln auf dem Gesicht: »Es gibt eine Bibliothek hier, direkt im Rathaus. Aber Sie werden doch nicht Ihre Ferientage mit dem Schmökern von alten Sagen auf dem Zimmer verschwenden?«

Kurz schwenkte mein Blick zum Fenster hinaus. Im Garten der Pension stand ein kleines Gebäude aus Holz, vermutlich ein Geräteschuppen. Er war prächtig geschmückt. Feuerrot blühende Geranien in Tontöpfen zierten die dunkel gebeizten Bretter. Ein Gartenzwerg mit einem langen, weißen Rauschebart saß neben der Eingangstür. Er hielt eine Laterne in seinen Porzellanhänden.

»Ist es denn weit bis zur Arberhütte? Kann man da mit dem Auto hinfahren?« Die Frage kam so spontan über meine Lippen, dass ich beinahe selbst erschrocken wäre.

Das Gesicht von Uschi Weber wurde kalkweiß und ihr Lächeln verschwand völlig. »Ich … ich hole jetzt Ihren Kaffee. Arberhütte? Hm – da müsste ich erst nachschauen. So spontan ist … ist mir das gar kein Begriff.« Dann eilte sie mit steifen Schritten davon.

Selbstredend hatte die Rezeptionistin gelogen. Die Tatsache schwebte im Frühstücksraum wie eine düstere Wolke. Mit ihrem Verhalten gab sie mir mehr Auskunft, als ich mir erwartet hatte.

Während ich meinen Kaffee schlürfte, schmiedete ich konkrete Pläne für einen außerordentlich spannenden Urlaub.

8

Der angsteinflößende Geruch der Wesen, die auf dem Dach ihrer Behausung wie Käfer umherwuselten, war intensiv geworden. Sie hatte sich gedreht und dabei mit dem Schwanz weitere Risse im Gestein verursacht. Einer klaffte so breit auseinander, dass einige der »Käfer« herabgerieselt waren, zusammen mit dicken Brocken aus Fels und Erdreich. Gleichzeitig entfleuchten Tausende ihrer winzigen Mitbewohner nach draußen – dorthin, wo die »zweibeinigen Käfer« lauerten.

Sie spürte, dass schwierige Zeiten anbrachen. Die Welten würden sich vermischen, so wie es einst gewesen war in grauer Vorzeit. Aber diesmal waren es viel mehr von den »Käfern«.

9

Mein erster Weg führte mich zur Bibliothek im Rathaus Lohberg. Zwischen verstaubten Liebesromanen aus den Achtzigern, die seit zehn Jahren niemand mehr gelesen hatte, zog ich einen Band hervor, dessen Buchrücken sich bereits von den

Seiten löste. Die Blicke der älteren Bibliothekarin stachen wie Nadeln in meinem Rücken. Ich wurde beobachtet. Trotzdem schlug ich das Buch mit dem Titel »Mythen unserer Heimat« auf.

Von Irrlichtern und Gnomen handelten die zahlreichen Kapitel, von gruseligen, gehörnten Weibern und Zwergen, die im Moos hausten.

Mein rechter Zeigefinger huschte über die Zeilen hinweg, als die grauhaarige Frau, die mich vom Schreibtisch aus beobachtete, rief: »Was suchen Sie denn? Kann ich Ihnen helfen? Sie müssen wissen, dass die Bücherei heute eigentlich gar nicht geöffnet hat. Ich bin nur zufällig da, weil ich in der Amtsstube Arbeit habe.«

Gleich darauf hörte ich den Bürostuhl, der auf seinen Rollen über das Laminat kratzte. Die Dame wartete meine Antwort nicht ab, sondern kam auf mich zugeeilt. Ein Hauch von blumigem Deodorant umwehte ihren fülligen Leib. Sie grinste mich an und nahm mir die »Mythen unserer Heimat« entschlossen ab.

»Das Buch ist doch schon beschädigt. Vermutlich fehlen auch etliche Seiten. Wir verleihen es nicht mehr. Gut, dass Sie es gefunden haben.«

Schwungvoll machte sie kehrt und ließ den Wälzer in eine Gitterbox neben dem Schreibtisch fallen. *»Altpapier«* stand auf einem Schild, welches mit Kabelbindern daran befestigt war. Es vereinte sich mit veralteten Urlaubsprospekten und Telefonbüchern.

»Wenn Sie etwas über die Gegend hier lesen wollen ...« Die Frau kam zurück und griff nach einem schmalen Büchlein, welches im Regal stand. »Das ist ein spannender Heimatkrimi, sogar Lohberg kommt darin vor, wie geschaffen für den Urlaub.«

Ich spürte deutlich, dass ich die Rathausmitarbeiterin nicht überzeugen können würde, mir das alte, zerfledderte Buch zu überlassen. Deswegen zwang auch ich mir ein aufgesetztes Lächeln aufs Gesicht, nahm den Krimi aus deren Händen und bedankte mich. Zusammen mit der nervös wirkenden Bibliothekarin begab ich mich zum Schreibtisch.

»Wenn Sie in einer Lohberger Pension untergekommen sind, dann ist die Leihgebühr in der Kurtaxe enthalten«, schnarrte sie monoton und reichte mir einen Zettel, den ich ausfüllen sollte. »Lesen ist eine gute Alternative, wenn man schon nicht wandern darf. Sie haben doch sicher von der Sperrung der Routen gehört?«

Ich roch meine Chance. »Ja, ich habe in der Pension davon erfahren, seltsame Risse im Gestein, eine Wandergruppe ist verschwunden. Das ist natürlich furchtbar. Hoffentlich findet man die Leute bald gesund und munter.« Kurz schwieg ich, um mein Interesse an den Phänomenen nicht zu verraten. Dann fragte ich höflich: »Hätten Sie denn einen Kugelschreiber für mich?«

Die Grauhaarige nickte und zog eine Schublade auf. Dabei senkte sie für einen Moment den Blick.

Der musste reichen. Mit der Geschmeidigkeit einer Giftschlange griff ich in den Gitterkorb, zog das beschädigte Buch heraus und ließ es in meinem Rucksack verschwinden.

Geschafft!

Die Bibliothekarin reichte mir einen Kugelschreiber mit der Aufschrift: *»Lohberg, immer eine Reise wert.«*

Mühsam unterdrückte ich das Zittern der Finger, während ich sorgsam den Zettel ausfüllte. Dann steckte ich den Krimi zu meinem erbeuteten Schatz und verließ hastig das Rathaus. Ich konnte es gar nicht mehr erwarten, die alten Seiten umzublättern. Irgendetwas sagte mir, dass ich in dem Buch fündig werden würde.

Feuer – Steine – Ungeheuer.

Denn auch hier, in der Bücherei, war das Gefühl beinahe greifbar, dass manch einer der Einheimischen die wahren Hintergründe der seltsamen Risse im Gestein einer Millionen Jahre alten Gebirgskette kannte.

ZWEITER TEIL

1

Unterirdisch, fuhr es der fünfzehnjährigen Chloe durch den Sinn, als sie wieder zu sich kam.

Zuerst hatte sie gedacht, es handle sich um eine besonders krasse Touristen-Attraktion, als sich der Spalt auftat und sie auf der Wanderung zum Gipfel verschluckte. Doch mittlerweile sickerte auch in Chloes Verstand, dass dem nicht so war.

Das schwarzhaarige Mädchen mit dem aufwendig geflochtenen Zopf schaute sich stöhnend um. Ihr Kopf schmerzte.

Die steinerne Kammer, in der sie sich befand, war spärlich beleuchtet. Die Wände schillerten durch Tausende fluoreszierende Lichtpunkte.

Sie tastete nach ihrem Handy, aber es steckte nicht in der Hosentasche ihrer teuren Funktionshose. Schlimmer noch, der gesamte Rucksack mit den veganen Vesperbroten und dem leckeren Eistee fehlte. Hatte sie ihn beim Sturz verloren?

»Mom? Dad? Gregor?«, rief sie schwach. Aber außer dem stetigen Geräusch, das sich wie ein gigantischer Blasebalg anhörte, blieb alles still.

Chloe stand auf und schaute sich um. Ziemlich schnell entdeckte sie den schmalen Spalt hoch oben, durch den sie in die Kammer gerutscht sein musste. Der Rückweg war ihr unmöglich. Aber es gab einen zweiten Durchbruch in der Felswand ihres Kerkers, mannshoch. Genau aus dem drangen die zischenden Geräusche zu ihr herein.

Eingeschüchtert näherte sie sich trotzdem der Wand. Der Spalt schien die einzige Fluchtmöglichkeit zu bieten.

Wäre sie bloß nicht mitgefahren mit Gregor und ihren Eltern. Sie hätte auch bei Oma und Opa die Ferien verbringen können. Aber Dad hatte sie schließlich überredet und ihr einen Abenteuerurlaub versprochen, denn er war nach etlichen Internetrecherchen wild entschlossen, die Vorgänge im Bayerischen Wald auf eigene Faust aufzuklären. Es gäbe viel zu erzählen, wenn die Schule wieder losging. Vorausgesetzt – das Mädchen erschauderte bei dem Gedanken – sie käme hier raus.

Die eigenartigen Lichtpunkte an der Wand pulsierten schwach und bläulich. Mit zitternden Fingern näherte sie sich der mysteriösen Lichtquelle.

Mit einem Mal änderte sich die Farbe. Die schillernden Punkte lösten sich vom Fels und umschwirrten das Mädchen. Grellrot war die Höhle nun erleuchtet.

Als Chloe erkannte, um was es sich handelte, schrie sie entsetzt auf und schlug die Hände vor die Augen.

2

Das zerfledderte Buch versprühte pure Magie. Obwohl ich normalerweise sehr realistisch denke, zog es mich sofort in seinen Bann. Mit einem zusammengerollten Kopfkissen und einer Flasche Bier machte ich es mir im Bett des Hotelzimmers bequem. Die Illustrationen darin wirkten plastisch. Jede Geschichte begann mit einer gruseligen Zeichnung. Da gab es die geflügelte Frau, die Widderhörner auf dem Kopf trug.[1] Mit grimmigen Augen starrte sie einen kahlen Felsen an, vor dem ein hagerer Mann kniete. Fasziniert blätterte ich weiter, betrachtete einen buckligen Riesen, der einen knorrigen Stock in den Händen hielt. Wenig später stockte mir der Atem. Ein Drache – oder war es gar ein Flugsaurier von ungeahnter Größe? – lungerte auf einem Sattel zwischen zwei Bergkuppen. Sein Kopf hing über eine Steilwand hinab und berührte die dunkle, spiegelglatte Wasseroberfläche eines Sees. Gebannt begann ich zu lesen.

... die Further Landsknechte haben sie vertrieben mit Stangen und Speeren, weil sie das »Böse« aus der Stadt verbannen wollten. Aber sie haben damit das Unheil erst über die Wälder und deren Einwohner gebracht. Denn einst wird sie

---

[1] Die Legende der »Gehörnten« greift Eve Grass in ihrem Roman »Welche Farbe tragen Engelsfedern?« auf.

wieder hervorbrechen aus den hohlen Kegeln unter den Gipfeln von Osser und Arber. Und sie wird nicht mehr allein sein.

Noch lange starrte ich auf den Text. Die leere Bierflasche lag neben meinem Bett. Ich fühlte mich verwirrt, ausgelaugt und müde, als wäre ich einen Marathon gelaufen. Bisher war mein Leben in absolut realistischen Bahnen verlaufen. Weder Gott noch Teufel interessierten mich sonderlich. Jetzt, nach den gedruckten Zeilen und den letzten Nachrichten im Fernsehen, wurde mir eines klar: Da lauert etwas Unterirdisches, von dem die allermeisten Menschen nicht die geringste Ahnung haben. Und der Schlüssel zur Lösung dieses Geheimnisses lag nicht etwa oben in den Bergen, sondern darunter. Vermutlich befand sich der Eingang in die Unterwelt nahe einem See.

Das Buch entglitt meinen Händen und fiel auf die Bettdecke. Ich setzte mich auf und tastete nach dem Rucksack, den ich neben dem Nachtkästchen abgestellt hatte. Den Reißverschluss zog ich ruckartig auf und fischte die Wanderkarte heraus. Vielleicht lag der See ja in einer Gegend, die für Wanderer nicht gesperrt war?

Ich breitete die Karte auf dem Bett aus und platzierte den rechten Zeigefinger auf dem Ossergipfel. Dort hatte es die ersten Sichtungen der Risse gegeben.

Millimeter für Millimeter fuhr mein Finger über das Papier. Es existierten etliche Seen in der Gegend, uralte Gewässer, die sich während der letzten Eiszeit gebildet hatten.

Die Kuppe meines Fingers stoppte. »Schwarzensee«, las ich laut, und das Bild aus dem Buch kam mir in den Sinn. Der Künstler hatte den See, in den der Kopf des Ungeheuers eintauchen wollte, exakt dargestellt.

Blitzschnell schlug ich den Schmöker noch einmal auf, suchte nach der Zeichnung und betrachtete genau die Umrisse des Gewässers.

Mein Finger wanderte weiter auf der Karte und stoppte erneut. »Teufelssee«, entfuhr meinen Lippen flüsternd und augenblicklich fühlte ich wieder die Gänsehaut, die sich auf den Armen bildete.

Die Form des Sees war exakt die gleiche wie auf der alten Zeichnung des unbekannten Künstlers. Die Höhenlinien auf meiner Wanderkarte verrieten die steile Seewand, die sich westlich des Gewässers wie eine Mauer in den Himmel reckte.

Mit einem Mal war ich hellwach und sprang aus dem Bett. Die Bierflasche kullerte lautstark über den Holzboden des Zimmers.

Der See, den die Tschechen *»Certovo Jezero«* nannten, lag hinter der Grenze und damit außerhalb der Wanderverbotszone.

Ich würde ihn aufsuchen.

3

Chloes Schreie hallten gespenstisch durch das unterirdische Kammersystem, von dessen Ausmaßen die Fünfzehnjährige noch nicht die geringste Ahnung hatte. Die Lichtpunkte, die ihr Gefängnis in rotes Licht tauchten, waren lebendig, umkreisten sie und verfingen sich in ihrem Zopf. Mit beiden Händen fuhr sie sich hektisch übers Haar und erwischte einige der miniaturhaften Flieger, die sofort zu Boden taumelten und erloschen. Starr vor Angst betrachtete sie die getroffenen Tierchen, deren Flügelschläge schwächer wurden.

Sie schlug die Hand vor den Mund. Es waren Minidrachen mit winzigen schillernden Schuppen und kleinen, messerscharfen Krallen, womit sie sich an den rauen Gneis klammerten. Die stacheligen Schwänze trugen einen glimmenden Punkt. An ihren ledrigen Flügelchen hafteten Partikel von Cordieriten, die im Licht, das die kleinen Flieger erzeugten, wie Diamanten glitzerten.

Nach und nach flogen die Winzlinge zurück an die Steinwände, klappten die Flughäute an und änderten die Farbe ihrer glimmenden Enden. Chloes Steingefängnis glänzte bald wieder in einem blassblauen Licht. Ruhe kehrte ein – allerdings hatte das seltsam gleichmäßige Geräusch des Blasebalgs zugenommen.

Wheeee – Whooo …

Der mit Staubpartikeln durchzogene Luftstrom drang bei jedem *»Whooo«* ins Innere der Kammer, erfasste die toten Minidrachen auf dem Boden und ließ sie tanzen.

Chloe hielt es nicht mehr aus. Das ganze Szenario glich mehr und mehr einem Horrorfilm. Panisch rannte sie auf den senkrechten, schmalen Durchbruch zu, wobei sie erneut einige der Minidrachen aufscheuchte, die nach oben in den schräg verlaufenden Kamin flohen.

Wenn sie nur in der Lage wäre, es ihnen nachzumachen.

Sie drängte ihren schlanken Körper in die Lücke im Fels, ohne zu wissen, was sich dahinter verbarg. Glitzernde Gesteinsbrocken lösten sich und rieselten auf sie herab. Millimeter für Millimeter schob sie sich aus dem Gefängnis … in einen noch größeren Kerker.

Wheee – Whooo – Wheee – Whooo …

Ganz nah.

Ihr Kopf hatte die Lücke im Fels schon durchdrungen. Übel riechender Wind erfasste ihren Zopf. Könnte sie doch nur aus dem Albtraum erwachen.

Chloes Augen gewöhnten sich nur langsam an die Dunkelheit, die außerhalb der Kammer herrschte. Doch ihre jugendlichen Pupillen schafften es und erblickten etwas, das ihren Verstand überstieg.

Ihr Schrei hallte animalisch durch die überdimensionale Felshalle, in der sie nun zu Boden sackte. Bald umgab sie wohltuende Schwärze.

4

Um nicht die Aufmerksamkeit der Rezeptionistin auf mich zu ziehen, entschloss ich mich, mit dem Auto wegzufahren. Noch immer waren die Wanderrouten gesperrt und mehrere Hubschrauber zogen ihre Kreise über dem Höhenzug östlich von Lohberg.

Uschi Weber saß hinter dem Empfangstresen und beäugte mich misstrauisch, als ich lässig an ihr vorbeischlenderte und dabei mit dem Autoschlüssel in der rechten Hand spielte.

»Sind Sie denn fündig geworden in der Bibliothek?«, fragte sie beiläufig. Ich hörte deutlich die Anspannung in ihrer Stimme.

Seufzend stoppte ich, schaute sie lächelnd an und antwortete: »Ja, mir wurde ein Heimatkrimi empfohlen. Hab auch schon reingelesen, ist sehr spannend.«

»Und jetzt fahren Sie weg? Möchten Sie Furth im Wald besuchen? Sie haben sich doch für den ›Drachenstich‹ interessiert.«

»Mal sehen, vielleicht in ein paar Tagen. Heute würde ich gerne die Grenze passieren«, antwortete ich wahrheitsgemäß. »In der Tschechischen Republik gibt es ja auch viele, schnucklige Orte mit tollen Sehenswürdigkeiten.«

Frau Webers Augen huschten dennoch leicht alarmiert über meinen Rucksack, den ich vollbepackt auf dem Rücken trug. Deswegen fügte ich sofort hinzu: »Ich möchte drüben auch wandern. Soviel ich weiß, gibt es hinter der Grenze keinerlei Sperrungen.«

»Aber passen Sie bloß auf sich auf«, warnte sie mich spontan. »Die Wandergruppe ist noch immer spurlos verschwunden. Nicht, dass Ihnen auch etwas zustößt. Wann werden Sie denn zurück sein?«

Ihre Fürsorglichkeit ging mir jetzt entschieden zu weit, besonders weil sie mir etwas verheimlichte.

»Warten Sie bitte nicht auf mich«, gab ich ihr schnoddrig zu verstehen. »Ich habe alles Nötige dabei, um auch über Nacht wegzubleiben, falls ich eine nette Schlafmöglichkeit finde.« Dann drehte ich mich hastig weg und verließ die Pension.

5

Der Verkehr hatte eindeutig zugenommen. Trotz Durchsagen im Radio strömten viele Schaulustige in die Gegend und verstopften mit ihren Fahrzeugen die Landstraßen. Etliche parkten am Straßenrand und hielten das Handy griffbereit auf die Hubschrauber gerichtet, die in geringer Höhe über dem Wald flogen.

Sensationstourismus, fuhr mir durch den Kopf. Musste ich mich hier dazuzählen? *NEIN!*

Wenn ich nur die minimalste Chance sähe, die Vorgänge aufzuklären, würde ich es tun. Nahaufnahmen von lärmenden Helikoptern lagen mir fern, denn die Gefahr, die von den Rissen im Gestein ausging, war den meisten Touristen egal. Vermutlich lag die Wahrheit dessen, was sich hinter diesen Ereignissen verbarg, ohnehin jenseits unserer Vorstellungskraft.

Feuer – Steine – Ungeheuer.

Mein Realismus schien sich gerade in Luft aufzulösen.

Ich lenkte das Auto über den »Brennes«, einen Sattel zwischen Zwercheck und Arber und fuhr Richtung Osten, zur nahen Landesgrenze. Hier wurden die Straßen leerer. An einer Tankstelle deckte ich mich mit Müsliriegeln und Mineralwasser ein.

Als ich in die Tschechische Republik einfuhr, kamen mir nur wenige Autos entgegen. Gegen Mittag parkte ich vor einer Kneipe am Straßenrand, studierte noch einmal die Karte und machte mich auf den Weg. Es führte keine offizielle Straße bis ans Seeufer, also würde ich den Aufstieg zu Fuß bewältigen müssen. Aber genau das wollte ich ja auch. Der Teufelssee – allein der Name beflügelte meine Schritte – lag in einer Senke auf über tausend Metern Höhe. Was würde mich dort oben erwarten?

Der breite Weg, der wohl während des Kalten Krieges vom Militär zur Grenzüberwachung benutzt worden war, führte durch dichten Wald bergauf. Bald stieß ich auf die ersten Warnschilder. *»Pozor«* – Gefahr, verkündeten sie. Kurz hielt ich an und sah mich um. Wer oder was sollte mir hier gefährlich werden? Oder … war ich tatsächlich auf der richtigen Fährte und man wollte auch hier die Wanderer fernhalten?

Beflügelt durch diesen Gedanken marschierte ich weiter. Stille umgab mich. Kein Lüftchen regte sich.

Nach fünfzig Minuten strammen Marsches endete der gut ausgebaute Weg und mündete in einen Pfad, der in die Senke hinabführte. Erneut warnte mich ein Schild in tschechischer Sprache vor einer Gefahr, die nicht näher erklärt wurde.

Zwischen den kräftigen Stämmen der Fichten sah ich das Wasser in der Nachmittagssonne glitzern. Freudig machte ich mich auf zur letzten Etappe, meinem ganz speziellen Abenteuer entgegen.

Zuerst hörte ich nur dieses Surren, dann verfing sich etwas in meinen halblangen Haaren. Im Affekt schlug ich mit beiden Händen danach.

Sofort entfernte sich das Geräusch. Ich entdeckte Blut auf dem rechten Handrücken. Ein feiner, aber tiefer Kratzer zog sich darüber. Ich erschauderte. Insekten, die Krallen trugen, davon hatte ich noch nie gehört.

Hektisch schaute ich mich um, doch ich konnte nichts entdecken. Hatte man nicht in der Fernsehsendung von unbekannten Insekten berichtet?

Meine Augen huschten alarmiert hinab in die Senke, dorthin, wo der dunkle See lag.

»Pozor« – Gefahr, warnten die Schilder am Wegrand. Trotzdem lief ich weiter.

Der Zugang zum Ufer war mit einer Art Koppelzaun gesperrt. Der Pfad führte zu einer kleinen Freifläche, auf der eine Schutzhütte und einige Bänke standen. Meine Hoffnung würde sich allerdings nicht erfüllen. Ich war nicht die Einzige, die den Teufelssee besuchen wollte. Durch die Bäume schillerten die Farben von bunten Laufshirts und Rucksäcken und … noch etwas anderes.

Ein silbernes Fahrzeug mit blauen und gelben Streifen parkte neben der Hütte. *»Policie«* war auf die Fahrertür auflackiert. Der Wagen musste über den gesperrten Fahrweg vom Wintersportort Spicak gefahren sein, über den auch die Wanderer hochmarschiert waren. Die Route hatte ich auf der Karte ebenfalls gesehen.

Ruckartig bremsten meine Füße. Ich beobachtete, wie Beamte in Uniform die Touristen des Seeufers verwiesen.

Was zum Teufel ging hier vor sich?

Es war wohl ein Instinkt, der die Reaktion zu verantworten hatte. Noch heute, rückblickend auf das unbeschreibliche Abenteuer, das mich noch erwarten sollte, wundere ich mich über mich selbst. Ich duckte mich, schlüpfte unter den Querbalken der Absperrung durch und huschte blitzschnell den Hang hinab. Auf den vom Wasser glatt geschmirgelten Felsbrocken, die wie gestrandete tote Wale am Rand des Sees ruhten, strauchelte ich. Auf dem Hintern rutschte ich die letzten Meter und blieb am Ufer liegen. Der Rucksack hatte den Sturz gemildert. Schwer atmend lauschte ich in die klare Luft. Keine verdächtigen Geräusche – die Polizei schien mich nicht entdeckt zu haben.

Vorsichtig wagte ich einen Blick zur Freifläche. Immer mehr Wanderer verließen murrend die Bänke, schulterten das Gepäck und zogen weiter. Allerdings hatte ich keine Ahnung, wie es jetzt weitergehen sollte. Das Versteck würde ich so schnell nicht verlassen können.

Ich lehnte mich an einen der Felsen, trank einen Schluck aus meinem Wasserproviant, dann griff ich zum Handy. Gottlob war es nicht beschädigt worden beim Sturz und der Empfang hier oben auf über tausend Metern Höhe war ebenfalls gut. Klares Wasser rollte gemächlich in harmlosen Wellen heran, überspülte den schmalen Kiesstrand und zog sich wieder zurück.

KIESSTRAND?

Ich öffnete Wikipedia, um Informationen und Bilder zum Teufelssee zu suchen. Das Gewässer war in der letzten Eiszeit entstanden und ruhte in einer Grube aus Glimmerschiefer. Dementsprechend tief war dieser dunkle, kalte See. Es gab keinen Strand.

Überrascht ließ ich das Handy sinken und betrachtete das dreihundert Meter breite Naturbecken.

Eindeutig, fuhr mir durch den Kopf, *die monatelange Dürre hat auch dem Teufelssee Wasser entzogen.*

Hastig schoss ich ein paar Bilder und zoomte sie auf maximale Größe. Tatsächlich, dort, wo seit der letzten Eiszeit nie ein Strand existiert hatte, zeigte sich jetzt ein schmaler, bleicher Kiesstreifen, der rund um das Gewässer führte. Aber das war beileibe nicht alles.

Auf der gegenüberliegenden Seite, dort, wo die Seewand steil herabfällt, ragte der obere Teil eines gemauerten Tors aus dem Wasser, welches wohl normalerweise unter der Oberfläche lag.

Mein Puls begann zu rasen. Die Bruchsteine waren deutlich zu erkennen, wirkten mittelalterlich und … menschengemacht.

Wie von selbst zogen meine Finger das alte Buch aus dem Rucksack. Ich kauerte mich an einen der rund geschliffenen Felsen und schlug die Geschichte vom »Drachenstich« auf.

6

Mechthild, die Magd vom »Widderbauern«, hatte den Drachen sogar Namen gegeben. Das größere Tier war das Weibchen, imposant und mit gesegnetem Appetit. »Goldschuppe« nannte sie die Riesenechse, weil eine ihrer Hornplatten auf dem Kopf von weit her in der Sonne schimmerte wie Edelmetall. Das Männchen zeigte sich eher selten. Es war scheu. Mechthild hatte es »Rotklaue« getauft. Die Magd wäre vermutlich zum Tod verurteilt worden, wenn jemand aus dem Rathaus der Stadt Furth im Wald dahinterkäme, dass sie den Aufenthaltsort der Ungeheuer kannte und ihn verschwieg. Der Stadtrat gab den Drachen die Schuld an Hagelschlägen und Bränden, an Krankheit und Hunger. Die feuerspeienden Monster verkörperten das Böse. Man wollte ihren Tod.

Ritter Edmund, ein tapferer junger Kämpfer, würde ihnen mit Feuereifer den langen Spieß aus Eichenholz in die Schlünde treiben und damit die Stadt von allem Übel befreien. Mit seinem schweren, braunen Ross übte er des Sonntags nach der Kirche das Speerwerfen auf einer großen Wiese nahe des »Widderbauern«.

Nur Mechthild wusste, dass die Drachen, die so alt waren wie die Welt selbst, weder Siechtum noch Stürme brachten. Ganz im Gegenteil sogar. »Goldschuppe« und »Rotklaue« befreiten die Felder und Wälder vom Aas. Außerdem brannten sie mit ihrem feurigen Atem die abgeernteten Getreidefelder nieder und verliehen ihnen dadurch neue Fruchtbarkeit. Noch nie hatten sie einen Bürger der Stadt Furth im Wald angegriffen.

Im Herbst des Jahres 1525 gab es allerdings einen Vorfall, als der dicke Pfarrer von der Kirche »Mariä Himmelfahrt« das Drachenweibchen erblickte. Aus Hunger hatte sich »Goldschuppe« der Schafweide genähert, an der der Geistliche einmal die Woche vorbeischlenderte, um sich einen saftigen Sonntagsbraten auszuspähen. Der Pfarrer liebte Lammfleisch und bezahlte dem »Widderbauern« anständige Preise für seine Tiere, denn die Kirche war reich. Aus Schreck über den grässlichen Anblick, den die schillernde Riesenechse bot, floh er kopflos und verknackste sich dabei den Knöchel.

Die Geschichte, die man sich wenig später im Wirtshaus am Stadtplatz erzählte, klang anders. Man munkelte, der Herr Pfarrer wäre dem heimtückischen Angriff nur entkommen, weil er dem Drachen sein großes, silbernes Kreuz auf die Nüstern gedrückt hätte. Daraufhin sei das Ungeheuer jaulend davongeflogen. Es konnte sich nur um einen Dämon aus der Hölle handeln.

Mechthild, die während ihrer Arbeit die wahren Begebenheiten beobachtet hatte, erkannte die Gefahr. Sie musste die Jagd auf die beiden Drachen verhindern. Hunderte von Bürgern, angeführt von dem Ritter Edmund, begaben sich mit Mistgabeln, Dreschflegeln und Hellebarden aus der Waffenkammer der Stadt in den Krieg gegen das »Böse«. Die Kirche »Mariä Himmelfahrt« versprach ihnen dafür die Vergebung aller Sünden. Der Magd blieb nichts anderes übrig, als ihren Dienstherren zu bestehlen. Des Nachts trieb sie etliche Schafe in den Wald, wo die Drachen hausten. So konnten sie ihren ärgsten Hunger vor der Flucht stillen.

Mechthild verließ ihre Heimat, wanderte tief hinein ins Böhmische, denn sie kannte den Eingang in die Stollen, wo sich einst unerschrockene Bergleute auf der Jagd nach Edelsteinen in den Fels gruben. Ganz in der Nähe davon hatte Mechthilds Wiege gestanden.

Die Echsen folgten ihr.

Unterirdisch wären die Kreaturen vor dem wütenden Pöbel in Sicherheit.

Kein Bürger aus Furth im Wald hat die Magd jemals mehr zu Gesicht bekommen. Man erzählte sich bald, das feuerspeiende Ungeheuer hätte sie samt den Schafen ihres Herrn gerissen und aufgefressen.

Ritter Edmund verkündete im darauffolgenden Frühling, er habe das Monstrum mit der Lanze aus Eichenholz erstochen und gleich darauf wäre es zu Asche zerfallen. Er wurde zum Helden.

Noch heute wird der »Drachenstich« als festliches Schauspiel in Furth im Wald aufgeführt.

Die Wahrheit kennen nur wenige Einheimische. Die Drachen leben noch immer und legen ihre Eier in die Hohlkegel unter den sieben Gipfeln.

7

Fassungslosigkeit überfiel mich, als ich die »Mythen unserer Heimat« zuklappte. Die Geschichte warf einen dunklen Schatten auf die mittelalterlichen Einwohner der Stadt Furth im Wald. Wie konnte man den Bürgern Sünden vergeben, wo sie doch loszogen, um Sünden zu begehen? Der unbekannte Schriftsteller, der diese Zeilen verfasst hatte, brachte es auf den Punkt. Die Drachen, oder welche Spezies auch immer man so bezeichnete, waren den Menschen nie gefährlich geworden. Trotzdem wollte man den Lebensraum nicht mit ihnen teilen.

Obwohl mein Verstand sich weigerte, wahrhaftig an diese Fabelwesen zu glauben, traten mir Tränen in die Augen. Der Mensch war damals grausam und hatte sich bis heute nicht verändert.

Ich hob den verschleierten Blick und betrachtete das gegenüberliegende Ufer. Die Sonne würde bald hinter der Seewand verschwinden und damit das Polizeiauto. Dann begänne das Abenteuer meines Lebens.

Schnell kühlte die Luft am See ab. Trotz heißem Sommertag zog ein kalter Lufthauch über das Wasser, welches wie ein Spiegel wirkte. Kein Mensch war weit und breit mehr zu sehen.

Mit dem letzten Licht des Tages kramte ich die Stirnlampe aus dem Rucksack, schaltete sie ein und machte mich auf den Weg. Der Kies, der normalerweise unter Wasser lag, knirschte bei jedem Schritt. Ein Waldkauz begann sein schauriges Lied. Gespenstisch huschte der Lichtkegel von den LEDs über den neu entstandenen Strand des Teufelssees. Meine Wanderschuhe berührten vermutlich gerade ein Stück Erde, das nie zuvor ein Mensch betreten hatte.

Nach zwanzig Minuten erreichte ich das Westufer des Gewässers. Bis auf das Licht der Stirnlampe hatte sich inzwischen Dunkelheit über die Landschaft gelegt. Ich fror. Tapfer und behutsam marschierte ich weiter, bis der grelle Lichtstrahl über die uralten Mauersteine glitt, die den Torbogen eines geheimen Eingangs verrieten. Das Grün der Algen, die sich auf den Steinen gebildet hatten, war in den letzten heißen Sommertagen zu einem Olivton verblasst.

Ehrfurcht überfiel mich. Ich, Rebecca Goldman, stand vor einem Tor in die Unterwelt, welches vermutlich sechshundert Jahre vom Wasser verborgen worden war. Der Klimawandel beförderte zumindest einen Teil wieder ans Tageslicht.

Der Strand endete abrupt und bescherte mir eine Vorstellung davon, wie tief der See hier hinab reichte. Hatte ich mir zu viel vorgenommen? Bedächtig leuchtete ich den Rundbogen aus. Ich würde auf jeden Fall nass werden, wenn ich unter den Berg gelangen wollte. Und von dem, was mich dort drinnen erwartete, reichte meine Fantasie hier am Ufer nicht aus.

Ich setzte den Rucksack ab. Gottlob hatte ich eine Plastiktüte dabei. Sie musste mein Hab und Gut, insbesondere das Mobiltelefon, ausreichend schützen, wenn ich durch den Torbogen schwamm.

Mit einem Haargummi zurrte ich die Tüte um den Rucksack fest, dann schloss ich kurz die Augen, um mir selbst Mut zuzusprechen, und glitt in das dunkle Wasser.

Die Kälte, die meine Wanderklamotten sofort unbarmherzig durchdrang, raubte mir fast den Atem. Konzentriert hielt ich den Kopf oben. Die Stirnlampe zauberte eine Straße aus Licht auf die unbewegte Wasseroberfläche. Den Rucksack in der Plastiktüte schob ich vorsichtig mit den Händen vor mir her. Mit den Füßen vollführte ich zaghafte Schwimmbewegungen und so passierte ich das Tor in eine unbekannte Welt in der Hoffnung, dass dieser zügellose Entdeckergeist nicht der größte Fehler meines Lebens sein würde.

Im Berginneren verursachten die Schwimmzüge meiner Beine seltsame Geräusche. Die Musik des Wassers tönte überlaut in den Ohren.

Bald schabten die Wanderstiefel über Stein. Der Pegel wurde flacher. Ich befand mich in einem Stollen, der bergauf führte. Schlotternd erhob ich mich aus dem Nass und watete durch knietiefes Wasser.

Der Gang war breit. Wie haben Menschen im Mittelalter das nur bewerkstelligt? Es existierten weder Dynamit noch Baumaschinen. Mit ihren

Händen haben sie dem Stein den imposanten Stollen abgetrotzt.

Zu dieser Zeit hatte ich noch die Muse für derartige Überlegungen und nicht die geringste Ahnung, was mich unterirdisch noch erwarten würde.

Mit jedem Schritt, den ich tat, nahm die Temperatur zu. Ein unangenehmer Geruch lag in der Luft. Ich schnupperte. Es roch schwach nach fauligen Eiern.

Bald hatte ich das Wasser hinter mir gelassen. Auf dem glatten Untergrund aus Gneis, der im Schein der Lampe manchmal aufblitzte, als sei er mit Kristallen durchzogen, zeigten sich tiefe Kratzspuren.

In diesem Moment verschwand der letzte Rest Realismus aus meinem Kopf. Die Worte aus dem alten Buch und die Mahnung des Hundertjährigen aus dem Fernsehen wurden zur Gewissheit. Die Kratzer im Stein hatte keine Menschenhand geformt.

War ich eigentlich wahnsinnig geworden? Was wollte ich entdecken? Eine unbekannte Tierart, die nur in Fantasiegeschichten vorkam? Was aber, wenn die Spezies von der Idee, einem Menschen zu begegnen, nicht so begeistert wäre? Immerhin gab es noch immer keinen Hinweis auf die vier Wanderer, die wie vom Erdboden verschluckt schienen. Vielleicht hatte das Urzeitmonster sie bereits aufgefressen?

Hart rief ich mich selbst zur Ruhe. Mit so einer Einstellung würde ich hier unten nicht weiterkommen.

Bald erreichte ich eine Abzweigung. Zwei ebenso monströse Stollen zweigten schräg nach links respektive nach rechts ab. Und dann sah ich, dass der rechte Tunnel in einem kalten, blauen Licht erstrahlte. Wellenförmig pulsierte es, von hell bis düster. Die Lichtshow in einer Nobeldisko hätte nicht beeindruckender sein können.

Ich schaltete die Stirnlampe aus und näherte mich der Wand. Vorsichtig streckte ich den rechten Zeigefinger aus, berührte einen der Punkte.

Ein Schreck fuhr mir durch die Glieder, denn das Licht löste sich von der Wand, wechselte die Farbe zu einem alarmierenden Rot und umschwirrte meinen Kopf. Mindestens hundert weitere Lichtpunkte folgten ihm.

Instinktiv setzte ich mich auf den Boden und schützte den Kopf mit den Händen. Das Surren der Flügelchen hallte gespenstisch zwischen den Felswänden.

Erst nach einigen Sekunden wagte ich einen Blick und sofort wandelte sich meine Angst in grenzenloses Erstaunen. Es handelte sich um winzige Drachen, farbenfroh und leuchtend. Ihre

Schwanzenden pulsierten lumineszent, wie Fische in der Tiefsee. Waren sie die Vorboten für ihre größeren Verwandten?

Mit äußerster Vorsicht erhob ich mich und marschierte lautlos weiter. Die Minidrachen kehrten an die Wände zurück und wiesen mir mit ihrer Lichtshow den Weg.

Der Stollen endete nach einem ausgedehnten Fußmarsch – ich hatte längst das Gespür für die Zeit verloren – und ich trat in eine Halle ein.

Der Begriff ist falsch gewählt, denn mir blieb der Mund in absolutem Erstaunen offen stehen. Ich befand mich in einer Kathedrale aus Stein, beleuchtet von Millionen Drachenschwänzchen, die nicht nur blaues Licht versprühten. Linien von rosaroten bis violetten Tönen verzauberten das unterirdische Kirchenschiff. Der Gneis zu meinen Füßen glitzerte wie frisch geschliffene Brillanten.

In diesem Moment drangen menschliche Stimmen an mein Ohr. Ich fuhr herum, bedacht darauf, keinen der Minidrachen aufzuscheuchen.

In der Mitte der Steinhalle, deren Dimensionen schwer zu beschreiben sind, erkannte ich einen gähnenden, dunklen Krater, der wie die hohle Wurzel eines Stockzahnes in die Tiefe führte. Von dort her schienen die Stimmen zu kommen.

Die Kathedrale über mir wechselte die Farbe. Nun leuchtete sie in grellen Tönen, die von Orange bis Rot reichten. Die fliegenden Relikte aus einer längst vergangenen Epoche, die hier vermutlich überdauert hatten, schlugen Alarm.

So behutsam wie möglich schritt ich auf das Loch zu, dessen Durchmesser ich auf locker fünfzig Meter schätzte. Die Schemen von drei Personen, die sich am Rand befanden, wurden sichtbar. Je mehr ich mich näherte, desto deutlicher konnte ich erkennen, dass es sich um einen etwa fünfzigjährigen Mann handelte, begleitet von einer blonden Frau und einem jüngeren Typ. Die verschollenen Wanderer?

Ich hob eine Hand und winkte dem Trio zu. Rufen wollte ich nicht. Das hätte vermutlich ein Geschwader von Minifliegern auf den Plan gerufen.

Der ältere Herr grüßte mit einer Hand zurück. Demnach hatten die Leute bereits dieselbe Erfahrung gemacht wie ich. Hier unten musste man sich ruhig verhalten. Aber gottlob schienen die Verschollenen unverletzt zu sein. Doch etwas verwunderte mich, während ich auf die erleichtert wirkenden Gesichter zuschritt. Im Fernsehen hatte man von vier Verschwundenen berichtet. Wo war also die vierte Person?

»Gehören Sie zu einem Suchtrupp? Kommen noch Kollegen von Ihnen? Haben Sie meine Schwester Chloe gefunden?«, haspelte der junge Mann los, als ich die kleine Gruppe erreichte.

Er streckte mir die Hand entgegen. In sein Gesicht hatten sich Erschöpfung und Angst gegraben. Seine langen, schwarzen Haare klebten schweißnass an der Kopfhaut.

»Weder noch«, antwortete ich flüsternd. »Ich bin allein hier und, um ehrlich zu sein, ich habe nicht damit gerechnet, Sie hier zu finden.« Als ich in das tränennasse Gesicht der blonden Frau blickte, fügte ich schnell hinzu: »Aber ich kenne den Ausgang. Sie sind also in Sicherheit. Ich hoffe, Sie sind nicht verletzt?«

Nun trat der Fünfzigjährige vor und schaute mir ernst in die Augen.

»Wir sind wohlauf. Lassen Sie sich erst einmal erklären, was vorgefallen ist. Ich bin Lothar Sonnleitner, dies hier …« Er wies mit einer Hand auf die Frau und den jungen Mann. »… sind Gina, meine Gattin, und deren Sohn Gregor. Wir werden diesen seltsamen Stollen nicht verlassen, solange wir unsere Tochter Chloe nicht gefunden haben. Sie war die Erste, die während der Wanderung verschwand. Chloe lief hinter uns und war einfach nicht mehr auffindbar. Wir riefen nach ihr, suchten alles ab. Wenig später stürzten wir dann in diese Spalte und rutschten über einen Kamin tief in das Höhlensystem, von dem ich keine Ahnung hatte. Ich kann Ihnen gar nicht sagen, wie viele Kilometer wir schon gelaufen sind. Das

System aus Hallen und Stollen scheint unendlich zu sein. Und überall kleben die Flugechsen an den Wänden. Nie hätte ich mit deren Existenz so tief unter der Erde gerechnet.«

Ich fühlte mich genötigt, dem verzweifelten Familienvater die Wahrheit zu sagen. »Mein Name ist Rebecca Goldman. Eigentlich bin ich nur Touristin. Aber die seltsamen Vorgänge hier im Wandergebiet haben meinen Entdeckergeist geweckt.« Kurz stockte ich, überlegte, dann entschloss ich mich, meine Vermutung darzulegen. »Wenn ich ehrlich sein soll, ich denke, dass hier unten nicht nur diese Miniechsen zu Hause sind. Es gibt Hinweise darauf, dass eine weitere drachenähnliche Spezies unter den Gipfeln des Bayerwaldes haust. Allerdings dürfte die etwas größer sein.«

Zu meiner Überraschung wirkten Lothar und Gregor nicht sonderlich überrascht über die Vermutung. Lediglich Ginas Lippen begannen zu zittern. Sie hatte Angst.

»Der *Dragigantis*«, warf Gregor leise ein und streifte sich das verschwitzte Haar aus der Stirn. »Er gehört zu einer Gattung, die älter ist als die Dinosaurier, die unsere Wissenschaft kennt. Sie werden stets begleitet von den *Draminimas,* den fliegenden Leuchtpunkten, die diese Hallen füllen. Es wird vermutet, dass die kleinen Drachen im Mittelalter durch exzessive Landwirtschaft bereits aus ihrem Lebensraum verdrängt wurden. Hier in der Gegend bezeichnete man sie als Irrlichter. Über das Verschwinden der Riesenechsen gibt es nur Legenden. Sie müssen wissen, ich beschäftige mich schon lange mit der Existenz der Fabeltiere.«

Erstaunt hatte ich dem jungen Mann zugehört. Auch er wusste etwas über die seltsamen Risse im Stein. Es war also kein Zufall, dass er sich mit seinen Liebsten auf die gefährliche Wanderung begeben hatte. Und mein Verdacht wurde sofort bestätigt. Lothar Sonnleitner mischte sich wieder ein.

»Gregor spricht von Fabeltieren. Aber das sind sie nicht. Ich bin, ebenso wie mein Stiefsohn, davon überzeugt, dass diese beiden Spezies wirklich existieren. Die Menschheit wuchs nach den Pestepidemien im Mittelalter rapide an und nahm den Tieren ihren Lebensraum. Es gibt vereinzelt Literatur darüber, die aber nicht im Internet zu finden ist.« Er grinste wissend. »Vermutlich kann man das gemeine Volk nicht mit derartigen Wahrheiten konfrontieren. Dazu reicht leider bei vielen der Horizont nicht. Es würde nur Panik unter den Menschen schüren. Trotzdem interessiert es mich brennend, wie die Drachen letztendlich in diese Unterwelt geraten sind. Das setzt immense Intelligenz voraus, von der wir keine Ahnung haben.«

»Die Frage kann ich vermutlich beantworten«, flüsterte ich dem Grauhaarigen zu und nahm meinen Rucksack ab. Dann entfernte ich die Plastiktüte. Behutsam entnahm ich das alte Buch. Es hatte im Wasser keinerlei Schaden genommen – für solche Notfälle waren die verhassten Tüten wirklich genial. Ich reichte es Lothar. »Schlagen Sie den Schmöker da auf, wo das große Eselsohr zu sehen ist. Lesen Sie die Geschichte. Sie werden bemerken, dass der ›Drachenstich aus Furth im Wald‹, wie wir ihn kennen, so nicht abgelaufen ist. Der edle Ritter hat das Tier, respektive die Tiere, nie getötet.«

Lothar und Gregor steckten ihre Nasen unmittelbar gemeinsam in den Schmöker. Das Licht in der Kathedrale, das die *Draminimas* hervorbrachten, reichte aus, um zu lesen. Nur Gina stand noch immer mit verheulten Augen da. Sie litt unter der Situation, das war ihr anzusehen, und ich hatte vollstes Verständnis dafür. Deswegen sprach ich sie an. »Ich bin mir sicher, dass wir alle heil rauskommen. Immerhin kenne ich den Rückweg, und Ihre Tochter Chloe werden wir auch noch finden.«

Gina nickte, rieb mit den Fingern über ihre Augen, die im blassen Licht grünlich glänzten, und fragte seufzend: »Wie können Sie da nur so verdammt zuversichtlich sein? Vielleicht hat so ein größerer Drache sie bereits verspeist? Immerhin ist sie an einer völlig anderen Stelle im Untergrund verschwunden. Gott weiß, wo sie feststeckt.« Die Blonde schluchzte. »Es war eine saublöde Idee hierherzukommen. Aber Gregor und Lothar waren überzeugt, bei der Wanderung etwas über die Theorie von unterirdischem Leben herauszufinden. Dass wir selbst da hineingeraten, haben wir nicht ahnen können.«

»Ich glaube fest daran, dass Ihrer Tochter nichts zugestoßen ist«, murmelte ich behutsam. »Die Geschichte, die Ihr Mann und Ihr Sohn hier gerade lesen, lässt einen Eindruck über das Wesen der Drachen zu. So wie ich die Sache einschätze, werden sie uns nicht gefährlich, solange wir sie nicht bedrohen.« Ich überlegte, dann setzte ich ganz leise hinzu: »Betrachten Sie nur die Winzlinge, die über uns an den Decken kleben. Sie warnen uns mit ihrem grellen Lichtspiel, greifen aber nicht an. Und bis jetzt gibt es ja keinen Hinweis darauf, dass die große Version, also der *Dragigantis*, hier unten wirklich noch existiert?«

Gregor beendete mit meinen letzten Worten das Lesen. Energisch schüttelte er den Kopf und winkte mir, mit ihm zu kommen.

»Doch, die Hinweise gibt es«, murmelte er.

Gemeinsam schlichen wir auf den seltsamen Kraterrand zu, der wie der Schlund in eine erkaltete

Hölle anmutete. Flink entnahm Gregor seinem Rucksack eine starke LED-Stablampe, die an ein langes Bergsteigerseil geknüpft war. Er schaltete die Lampe an und ließ sie in die Tiefe hinabgleiten.

»Seien Sie vorsichtig«, flüsterte er mir zu. »Wenn Sie da hinabstürzen, brechen Sie sich sämtliche Knochen.«

Ich nickte, ließ mich auf die Knie nieder und robbte an den Rand. Dann blickte ich hinab. Der grelle Strahler beleuchtete den Schlund, er reichte locker zwanzig Meter ins Erdinnere. Und dann stockte mir der Atem. Ganz unten lag ein Ei – ein riesenhaftes Ei – und es schillerte in denselben Farben wie der Fels, der es umgab.

DRITTER TEIL

1

Wheee – Whooo – Wheee – Whooo ...

Das war das Erste, was Chloe hörte, als die Realität in ihren Kopf zurückkehrte. Sie erinnerte sich an das Geräusch und … an das, was sie gesehen hatte.

Blutrot hatte das Gestein unter den Leuchtpunkten der Minidrachen geglänzt, jetzt war es zu einem blassen, aber hellen Blau geworden. Langsam, wie in Zeitlupe, drehte sie den Kopf. Da schimmerte immer noch etwas rot.

Diesmal blieb der erneute Schrei in ihrem Hals stecken. Das Grauen, das die Fünfzehnjährige erfasste, wirkte lähmend.

Sie starrte in zwei Augen von der Farbe glühender Kohlen. Die Pupillen, die sie anstarrten, glichen denen von Katzen. Aber die Größe der Sehorgane sprengte ihre Vorstellungskraft, denn sie hatten den Durchmesser eines Traktorreifens und steckten seitlich in einem grünlichen Kopf, der den Stollen vollständig ausfüllte. Eine Schnauze mit glatten, krokodilähnlichen Schuppen streckte sich ihr entgegen. Hochgezogene Nüstern stießen bei jedem Ausatmen einen schwefelartigen Dampf aus.

Wheee – Whooo – Wheee – Whooo ...

Das Maul öffnete sich nicht. Die Lefzen waren nur wenige Zentimeter weit geöffnet und ließen Zähne erahnen, die stark wie Baumstämme und scharf wie Schwerter waren. Aus den Zahnlücken drang rußiger Rauch, der aufstieg und sich unter der Tunneldecke sammelte. Schimmernde, lange Hornschuppen zwischen den Augen bewegten sich bei jedem Atemzug des Ungeheuers vor und zurück, als gäben sie den Takt für eine gleichmäßige Atmung vor. Eine davon leuchtete golden.

Chloe robbte instinktiv rückwärts und während sie das tat, wurde ihr bewusst, wie sinnlos dieses Verhalten war, denn der kurze Stollen endete hinter ihr. Er führte nur in eine Richtung und dort behinderte ein überdimensionaler Drachenkopf den Fluchtweg.

Sollte sie wieder in die Kammer kriechen ... und dort drinnen verhungern?

Saublöde Idee!

Gregor und ihr Vater hatten ihr schon vor der Reise von ihrer Vermutung einer unentdeckten Spezies unter den Gipfeln erzählt. Aber das, was sie da vor sich sah, sprengte jegliche Fantasie. In keinem Biologiebuch der Welt war auch nur annähernd die Rede von einer Echse, deren Kopf die Ausmaße eines Reisebusses erreichte. Wie musste dann erst der Körper des Giganten aussehen?

Während Chloe dasaß und versuchte, ihre Panik in den Griff zu kriegen, zog sich der Kopf mit einem schabenden Geräusch aus dem Tunnel zurück. Dahinter befand sich also ein noch gewaltigerer Raum im Fels.

Zitternd beobachtete sie das Verhalten des Tieres. Hatte es keinen Hunger?

Die Minidrachen, die noch immer den Stollen mit strahlendem Blaulicht ausleuchteten, schienen keinerlei Furcht vor dem riesenhaften Artgenossen zu zeigen. War der Drache vielleicht gar nicht gefährlich?

In diesem Moment schob sich ein hornbewehrter Vorderlauf durch den Tunnel auf sie zu. Die Krallen daran wirkten wie Krummdolche und waren schwarz wie Ebenholz. Kurz vor Chloe stoppten die drei messerscharfen Waffen der Echse. Die mittlere Hornsichel hob sich im Nagelbett leicht an und schien ihr zuzuwinken.

Jede Berührung der Kralle mit dem Stein darunter verursachte einen Ton, der bei der Fünfzehnjährigen Gänsehaut erzeugte. Dann zog das Tier den Vorderlauf zurück. Nur die mittlere Kralle fuhr mit einem kreischenden Geräusch über den Untergrund und hinterließ einen tiefen Kratzer.

Chloe sprang auf, denn nun gab das Maul, das sie nicht mehr sehen konnte, einen klagenden Laut von sich.

Das kann doch nicht sein, fuhr ihr durch den Kopf, während sie die Spur der Kralle betrachtete. Sie wirkte wie eine Richtungsangabe. *Will das Vieh, dass ich ihm folge? Kennt es den Ausgang?*

Zögerlich und mit zitternden Beinen folgte sie dem Drachen. Was sollte sie auch anderes tun?

Sie betrat eine Halle, die größer war als das Kirchenschiff vom Kölner Dom, den sie letztes Jahr mit Mom und Dad besucht hatte. Auch hier beleuchteten die winzigen Flugechsen, dicht gedrängt an Wänden und Decke, den Stein.

Chloe hob ehrfürchtig und staunend den Blick. Dort oben, mindestens dreißig Meter über ihr, klaffte ein Riss im Fels. Die Dunkelheit einer weit fortgeschrittenen Nacht drang zwischen den Lichtpunkten hindurch.

Das Monstrum, das nun mitten in der Halle saß, beobachtete sie. Es hielt den Kopf leicht schief und hatte seinen riesigen Schwanz um den Körper gelegt wie eine Katze.

Wieder dieser Klagelaut, dann hob sich der rechte Vorderlauf, die mittlere Kralle streckte sich vor und wies auf den klaffenden Spalt im Gestein.

Das Mädchen wirkte fassungslos. Ihre Augen huschten zwischen dem Riesendrachen und dem Riss hoch oben hin und her. Das Vieh versuchte mit ihr zu kommunizieren, das war eindeutig.

Gegen jegliche Vernunft hob auch sie nun ihren Arm und zeigte nach oben. »Du … du willst mich auf die Risse im Gestein hinweisen?«

Der Drache legte den Kopf schief und zog eine neue Spur in den Gneis. Erneut jaulte er auf. Es klang traurig. Dann wendete er seinen gigantischen Körper geschickt und schob sich in geduckter Stellung weiter durch die Höhle. Dabei erhaschte Chloe einen kurzen Blick auf die großen, ledrig wirkenden Schwingen, die der Drache an den schuppigen Leib drückte. An einigen Stellen waren die Häute eingerissen.

Die Echse stoppte in der Mitte der steinernen Halle und ließ den Kopf in ein Loch hinabgleiten, das wie ein Krater wirkte. Bald tauchte der Schädel wieder auf und ließ ein erschauderndes Heulen hören. Die Krallen seiner beiden Vorderläufe zitterten.

Vorsichtig ging Chloe näher heran. Wenn das Tier sie bisher nicht angegriffen hatte, konnte sie es wagen, die Distanz noch weiter zu verringern.

Was wollte der Drache ihr denn noch alles zeigen? Sie trat an den Rand des Loches und spähte hinab, aber außer gähnendem Schwarz war absolut nichts zu sehen.

»Es … es ist zu dunkel. Was ist … da unten?«, stotterte sie fragend, noch immer angstvoll.

Was dann geschah, löste in Chloe solch heftige Emotionen aus, dass es ihr beinahe den Atem raubte.

Der Drache hob seinen imposanten Schädel und erreichte fast die steinerne Decke, dann gab er einen lauten, lang gezogenen Ruf von sich, vergleichbar dem des Roten Milans, einem heimischen Raubvogel. Im selben Augenblick änderten Millionen von lebenden Lichtpunkten die Farbe und tauchten die unterirdische Halle in ein gleißendes, weißes Licht.

Der Boden unter Chloes Füßen glitzerte, als bestehe er aus Diamantstaub. Noch einmal blickte sie in den dunklen Schlund inmitten der Höhle hinab … und sah es. Da lag ein Ei. Nur die Konturen verrieten es, denn es wirkte wie der Gneis, der es umgab.

Chloe hob den Kopf. Der Drache streckte den rechten Vorderlauf in das Loch hinab und fuhr beinahe sanft mit den Krallen darüber. Das Ei bewegte sich in der Kuhle, kullerte aber wieder in die Mitte zurück.

Und mit einem Mal begriff die Fünfzehnjährige. Vor ihr saß ein Drachenweibchen.

»Das Junge darin ist nicht mehr am Leben, habe ich dich richtig verstanden?«

Die Riesenechse legte den Kopf schief. In ihren roten Augen mit den Katzenpupillen lag tiefe

Trauer. Langsam hob sie ihren Vorderfuß mit den scharfen Krallen wieder aus dem Loch und zeichnete einen weiteren Strich auf den Untergrund.

Folge mir ...

Chloes Angst schlug in Mitleid um. Vertrauensvoll lief sie dem Drachen nach.

Bald mündete die steinerne Halle wieder in einen Stollen, der gerade so groß war, dass das Tier hindurchpasste. Dabei streiften die Flügel an den Felswänden und das Mädchen fragte sich instinktiv, wie lange es zurücklag, dass der Drache die Schwingen zum letzten Mal ausgebreitet hatte.

2

Fünf der winzigen Lebewesen, die sie und ihr Männchen einst von der Oberfläche vertrieben, befanden sich nun im unterirdischen Reich. Eine der Kreaturen hatte sie bereits lebend gefunden. Ihr feiner Geruchssinn verriet ihr, dass auch die anderen unverletzt waren. Und das sollte auch so bleiben. Das Gestein war im Lauf der Jahrtausende brüchig geworden, obwohl ihr feuriger Atem imstande gewesen war, Löcher im Fels über Jahrhunderte zu verschweißen. Jetzt nicht mehr. Trampelnde Füße von Tausenden der zweibeinigen Kreaturen verschlimmerten den Zustand immer mehr. Die knochentrockenen Risse im Boden ließen sogar Dämpfe ihrer lodernden Feuerspuckerei an die Oberfläche entweichen. Ihr jahrhundertealtes Heim drohte sich aufzulösen. Damals, als man sie aus Furth im Wald verjagte, obwohl sie niemandem Böses zugefügt hatte, war sie mit ihrem Partner in das unterirdische Reich geflohen. Ein Menschenweibchen hatte ihr dabei geholfen, kannte den Eingang zu den Stollen, die Bergarbeiter in Gneis, Granit und Glimmerschiefer trieben, um dem Stein glitzernde Cordieriten und Eisenerze zu entreißen. Dadurch verbanden sich die hohlen Kegel unter den Gipfeln der Tausender mehr und mehr zu einem monströsen Hallensystem. Ihr Schwanz, ihre Krallen und ihr feuriger Atem formten daraus ein Heim für sie und das Männchen. Bald darauf siedelten sich auch die Artgenossen im unterirdischen Reich an. Draminimas, *die kleinste Spezies der Gattung* Draconis, *waren ebenso zur Flucht gezwungen, weil man ihnen die Grundlagen des Lebens entzog. Sie lebten in einer engen Symbiose mit ihren riesigen Verwandten hier unten. Nahrung allerdings war knapp. Früher hatten die großen Drachen Wild, Rinder und hin und wieder ein Pferd erbeutet. Der See, von dessen Bewohnern die menschlichen Widersacher gottlob nicht viel wussten, bot nur bedingt Nährstoffe. Deswegen verdarben auch die Eier. Selbst die hochintelligenten* Dragigantis, *zu denen sie gehörte, fühlten sich gegenüber den immer schneller fortschreitenden Veränderungen machtlos. Sie waren älter als die Saurier, aber nun ging ihre Zeit auf Erden zu Ende. Der Grund dafür waren die Menschen. Vielleicht erkannten das die Eindringlinge und würden mit ihr kooperieren? Einen Funken Hoffnung hegte sie, als das Menschenweibchen eines ihrer sieben toten Eier entdeckt hatte.*

3

»Habt ihr das gehört?«, krächzte Gina ängstlich und eine Spur zu laut. »Es hört sich an wie ein Blasebalg. Und das Geräusch kommt näher.«

Augenblicklich änderte sich das Licht in der Kathedrale aus Stein. Die *Draminimas* schickten Reflexe aus orangefarbenen und roten Strahlen in die Höhle. Gleichzeitig führten Gregor und Lothar einen Zeigefinger an den Mund, um der ängstlichen Frau zu signalisieren, leiser zu reden. Dennoch hatten sie das Geräusch vermutlich auch gehört, denn beide drehten mir den Kopf zu und starrten mich an. Ich hatte mich, genau wie die drei Wanderer, auf den Rucksack gelegt und versucht ein wenig zu schlafen. Wir würden alle unsere Kräfte brauchen, um Chloe zu finden.

Meine Uhr zeigte halb vier am Morgen. Ich lauschte.

Wheee – Whooo – Wheee – Whooo ...

Verbunden mit einem Schleifen, als würde jemand einen Packen Lederhäute über den Felsboden ziehen.

Schnell sprang ich auf die Beine und die drei Wanderer ebenso.

»Es ist so weit«, flüsterte Lothar. Selbst im Lichtschein der *Draminimas* wirkte er leichenblass. »Jetzt werden wir vermutlich die ersten Menschen seit fünfhundert Jahren sein, die den *Dragigantis* zu Gesicht bekommen.

Ginas Schrei hallte durch die Steinhalle. Augenblicklich flutete alarmrotes Licht über uns hinweg. Ihre zitternde Hand wies in die entgegengesetzte Richtung, aus der das Geräusch kam. Ich fuhr herum.

Aus einem Seitenstollen lugten riesige Krallen hervor. Sie bewegten sich auf und ab. Es knirschte leise, als sie den Untergrund berührten. Dann schob sich eine pechschwarze Schnauze zwischen die tödlichen Sicheln aus Horn. Dem Maul entwich Rauch und stinkender Atem. Zwei gelbliche Augen erschienen. Sie beäugten uns.

Sollten wir fliehen?

Aber aus der Gegenrichtung näherte sich das Geräusch mehr und mehr.

Fieberhaft arbeiteten meine Gedanken.

Zurück zum See? Dieser Stollen wäre sicher.

Gerade in dem Moment, in dem ich meine Mitstreiter auffordern wollte mitzukommen, zeigte sich der Drache mit den gelben Augen in seiner ganzen Pracht. Schwarze Hornschuppen überzogen Körper und Schwanz. Die Krallen jedoch schimmerten rötlich.

Gina glitt zu Boden und hielt sich die Hände schützend über den Kopf. Die Ereignisse waren wohl zu viel für ihren Verstand.

Die *Draminimas* über uns begannen, aufgeregt zu schwärmen. Ein Surren und Summen vermischte sich mit den Atemgeräuschen des Monsters, das sich aus einem weiteren Stollen mühsam heranschleppte.

Bald war es zu sehen.

Der Drache war wesentlich größer als sein schwarzer Artgenosse. Dessen Augen wirkten im Gegensatz zu dem Kopf, der uns von der anderen Seite her anstarrte, rot. Oder lag es nur am Licht, das in der Kathedrale aus Fels vorherrschte?

Ich konnte es nicht sagen. Mein Herz pochte mir bis zum Hals. Unsere letzte Stunde hatte geschlagen. Hier unten würde unser Leben zu Ende gehen. Wie war ich nur auf die dumme Idee gekommen, die Pension in Lohberg zu verlassen, um das

Geheimnis der seltsamen Risse allein zu lösen? Ich hätte wissen sollen …

»Mom? Dad? Gregor? Geht es euch gut?«

Ein Mädchen in Wanderklamotten huschte an dem riesenhaften Urtier vorbei, als wäre es gar nicht vorhanden, und rannte aufgeregt auf uns zu.

Sofort verharrte das Tier, als hätte es die Brisanz der Lage verstanden.

»Chloe – um Himmels willen, bleib stehen«, rief Gregor und deutete mit hektischen Bewegungen auf die gelblichen Augen des Drachen, der uns aus nächster Nähe betrachtete.

Lothar hingegen eilte zu seiner Gattin und flüsterte ihr beruhigend ins Ohr.

Aber das Mädchen stoppte nicht, ganz im Gegenteil. Es hastete auf ihre Verwandten zu und warf sich in Gregors Arme. Sofort darauf löste sie sich wieder, umarmte auch ihre aufgelöste Mutter und Lothar, der die Tränen nun nicht mehr zurückhalten konnte. Ich beobachtete das Geschehen aus einiger Distanz.

»Es klingt völlig irre«, haspelte Chloe aufgeregt los. »Aber die Drachen wollen uns nichts Böses. Sie benötigen Hilfe. Das Weibchen hat versucht mit mir zu kommunizieren. Es ist extrem intelligent.« Das Mädchen zeigte auf das Loch, in das wir noch vor wenigen Stunden hineingestarrt hatten. »Es scheint mehrere von diesen Hohlkegeln zu geben«, setzte die Jugendliche fort. »Ich habe auf dem Weg hierher mit dem Drachenweibchen noch einen entdeckt. Darin lag ein totes Ei.«

Angespannt huschte mein Blick zwischen den beiden Riesenechsen hin und her, die uns nur anstarrten. Das Weibchen, welches mit Chloe hier aufgetaucht war, wirkte kraftlos und ihr Atem ging pfeifend. Also handelte es sich bei dem schwarzen Drachen um das Männchen.

»Rotkralle« und »Goldschuppe« hatte Mechthild, die Magd, sie einst genannt. Das war vor fast fünfhundert Jahren gewesen.

»In dem Krater hier liegt auch ein Ei«, antwortete nun Gregor. »Aus Unterlagen von geheimen Drachenforschern weiß ich, dass es zehn Jahre und länger dauern kann, bis daraus ein Junges schlüpft. Aber ich denke, dass aus den Eiern in diesen Löchern gar nichts mehr geboren wird.«

Lothar mischte sich ein. Er stemmte die Hände entschlossen in die Hüften. »Der Meinung bin ich auch. Denn dies hier ist alles andere als ein geeigneter Lebensraum für die Urzeittiere. Sie haben sich nur notgedrungen in den Untergrund zurückgezogen und die Hohlkegel, die sich unter jedem der Gipfel befinden, für die Brut benutzt. Ich vermute, dass sie viel zu wenig Nährstoffe aufnehmen, um Nachwuchs zu zeugen. Die Eier, die das

Weibchen legt, sind wohl von Anfang an unterversorgt.«

Ein Ruf ertönte durch die Höhle, schrill und lang gezogen. Wir fuhren alle herum und starrten auf das Weibchen. Erst jetzt erkannte ich, dass eine der länglichen Hornschuppen zwischen ihren Augen tatsächlich golden leuchtete. Das Licht in der Kathedrale änderte sich und wurde zu einem strahlenden Weiß. Ich musste blinzeln. Der Gneis glitzerte, als herrsche Tageslicht. Der monströse, geschuppte Leib des Weibchens schob sich näher an uns heran. Gleichzeitig erhob sich auch das kleinere Männchen und kroch auf uns zu. Im Licht der *Draminimas* leuchteten seine roten Krallen.

»O mein Gott«, stieß Lothar alarmiert aus. »Ich hoffe nur, dass du mit deiner Vermutung recht hast, Chloe. Sie kommen auf uns zu!«

Das Mädchen zögerte keine Sekunde. Es drehte sich um und lief völlig angstfrei auf das Drachenweibchen zu, das wie auf ein geheimes Kommando hin den Kopf zu Boden sinken ließ.

Ich hielt den Atem an, als ich sah, wie Chloe mit ihrer Hand die Nüstern berührte, die so groß waren, dass sie aufrecht hineingepasst hätte. Der Atem der Riesenechse ließ ihren Zopf vor- und zurückschwingen. Zur selben Zeit wechselten die *Draminimas* ihre Farbe und tauchten die Szene in ein sattes, grünes Licht – grün wie die Hoffnung.

Mir liefen kalte Schauder über die Gliedmaßen. Der Anblick eines Kindes vor dem tödlichen Maul eines Drachen war atemberaubend und ich glaube, den übrigen Zuschauern ging es ebenso wie mir. Der Moment versprühte Ehrfurcht – vor einem Wesen, das sich vor uns Menschen in tiefen Höhlen im Fels verstecken musste.

Gregor, der junge Mann mit den schwarzen Haaren, schien die Fassung zu verlieren. Er fing an zu weinen.

»Ich habe es immer geahnt«, schluchzte er. »Viele haben mich für einen Spinner gehalten, aber ich spürte, dass noch etliche Spezies der Gattung *Draconis* auf diesem Planeten heimisch sind. Und in dieser Gegend hier kannten auch Einheimische die Wahrheit. Aber sie haben nichts unternommen.« Gregor schniefte. »Die wahren Monster sind wir Menschen. Wir nehmen uns alles und verdrängen den Rest.«

Lothar nahm den Stiefsohn in die Arme. Auch er hatte nasse Augen. Plötzlich fixierte er mich.

»Und deswegen werden wir das jetzt ändern. Wir sorgen dafür, dass diese Kreaturen wieder das Sonnenlicht sehen. Ich weiß auch schon wie. Rebecca, kannst du mir den Eingang zeigen, über den du hier reingeraten bist? Ich benötige dringend Handyempfang.«

VIERTER TEIL

1

In der Früh herrschte grenzenlose Aufregung in einem Büro der bayerischen Staatskanzlei, nachdem der Innenminister den alarmierenden Anruf erhalten hatte. Lothar Sonnleitner, einer seiner engsten Mitarbeiter und naher Vertrauter, war an Informationen geraten, die an Brisanz nicht mehr zu überbieten waren. Der Minister glaubte Sonnleitners Aussagen, denn der beschäftigte sich mit geologischen Phänomenen, seit er denken konnte. Anscheinend hatte das Innenministerium die mysteriösen Vorgänge im Bayerischen Wald unterschätzt. Man hatte den beiden Landräten aus Regen und Cham zugestanden, lediglich die Hauptwanderrouten, die im Hochsommer von Hunderten Wanderern täglich benutzt wurden, vorübergehend zu sperren. Weiterreichende Maßnahmen, so dachte er bis zu Sonnleitners Anruf, wären nicht nötig. Viele Gemeinden rund um die bekanntesten Gipfel des Mittelgebirgszuges, der an den Nationalpark grenzte, waren auf die Einnahmen aus dem Tourismus dringend angewiesen. Die Regierung durfte sie durch überzogene Sicherheitsmaßnahmen nicht noch mehr schädigen. Immerhin hatte sie die Pandemie in den letzten beiden

Sommern bereits an den Rand des Ruins gebracht. Aber jetzt …?

Der Innenminister betrat das Amtszimmer des Ministerpräsidenten, welcher schon im Vorfeld angekündigt hatte, nur sehr wenig Zeit für diese Sache aufbringen zu können. Die derzeitige Lage im Freistaat, ja in ganz Deutschland, füllte den Terminkalender des Landesoberhauptes.

»Nehmen Sie Platz, Herr Heinemann«, murmelte Markus Soller, ohne den Blick von seinem Laptop abzuwenden, welches aufgeklappt auf dessen Schreibtisch stand.

Achim Heinemann setzte sich ihm gegenüber und räusperte sich. Er würde die Sache kurz und knackig abhandeln, so wie er es immer tat.

»Ich werde mich kurzfassen, Herr Ministerpräsident. Wir müssen die Gegend von Lohberg bis nach Ludwigsthal auf einem Korridor von etwa fünfzig Kilometer Breite komplett evakuieren. Die größeren Orte wie Zwiesel, Regen, Cham und Lam sparen wir von der Maßnahme aus, dann geht es schneller. Mir liegen wichtige Erkenntnisse über die Vorgänge dort vor.«

Sollers Aufmerksamkeit klebte noch immer am Laptop, dennoch schien er zugehört zu haben.

»Sprechen Sie von den Rissen, die sich in diesem Gebiet im Gestein bilden? Ich dachte, die Geologen sind da bereits dran. Wir warten noch auf Ergebnisse. Die Wanderrouten können nicht ewig gesperrt bleiben. Der Landkreis Cham liegt mir jetzt schon in den Ohren. Die brauchen Einkünfte.«

»Die Gesteinsschichten sind nicht mehr stabil genug. Die Folgen …«

»Ach kommen Sie, Heinemann. Lassen Sie doch die Kirche im Dorf. Die Wissenschaftler übertreiben meist, und wir Politiker müssen immer einen Mittelweg finden. Eine Evakuierung, das belastet den Haushalt exorbitant, und dann noch die zahllosen Bürgerklagen, die uns …«

Der Innenminister fiel ihm ins Wort, ohne zu überlegen. »Südlich des Zwerchecks ist der Berg auf einer Breite von mehr als zwanzig Metern eingebrochen. Höhlen kamen zum Vorschein, die bisher niemand kannte. Aus dem Krater, der sich gebildet hat, stieg Gas empor, das sich an manchen Stellen durch die Dürre und die Sommerhitze entzündet hat. Felsbrocken stürzten in die Tiefe. Es gab Eruptionen, die aber nicht vulkanischen Ursprungs sind.« Kurz ließ er seinen dramatischen Bericht wirken, dann setzte er leise hinzu: »Wenn der große Arber instabil wird, dann kann das viele Menschenleben kosten. Seit Jahren wird er exzessiv durch den Tourismus genutzt. Vermutlich könnten auch da Teile des Gipfels einbrechen. Wir müssen evakuieren, Herr Ministerpräsident, und zwar sofort. Wenn wir es nicht tun, haben wir als Regierung des Freistaates versagt.«

Das Laptop auf dem Schreibtisch wurde lautstark zugeklappt.

»Und warum höre ich erst jetzt von diesen Entwicklungen?«, zischte Soller sein Gegenüber an.

»Weil ich auch erst gerade davon erfahren habe«, antwortete Heinemann mit gesenktem Kopf. »Ich habe die Information von einem zuverlässigen Mitarbeiter aus der Behörde, dem ich sehr vertraue. Er ist vor Ort, macht dort zurzeit Urlaub. Und noch kocht die Misere auf kleiner Flamme. Ein Einsatzteam ist in streng geheimer Mission auf dem Weg. Die Presse halten wir uns mit Beschwichtigungen und bedeutungslosen Halbinformationen vom Leib. Aber das geht nicht mehr lange gut. Spätestens dann, wenn über den Gipfeln nicht nur die Helikopter von der Bundespolizei kreisen, werden die Reporter wie die Aasgeier über uns herfallen. Ein einziger Berichterstatter von den Amerikanern reicht, dann zerreißen sie uns in der Luft. Wir müssen handeln.«

Sollers Atem entwich lautstark. »Exogene Dynamik – lassen Sie mich raten, Heinemann. Wir Menschen haben nicht nur das Klima auf dem Gewissen, sondern inzwischen auch die bayerischen Mittelgebirge. Der Tourismus zerstört sogar Felsen, die es seit Millionen von Jahren gibt.

Genauso wird es dargestellt werden von den Medien.« Der Ministerpräsident schnaubte wie ein Pferd. »Ich habe hier genügend Mist abzuarbeiten. Der Herbst kommt, Corona klopft mächtig an die Tür und wir veranstalten in München ein Oktoberfest.« Er schien einen Moment zu überlegen, schloss die Augen und rieb sich die Stirn zwischen den Augenbrauen. Dann ließ er die Handflächen auf das Holz des Schreibtisches krachen. »Okay, Heinemann, lassen Sie evakuieren und bereiten Sie schon mal zündende Erklärungen vor, mit denen wir das Volk beruhigen können. Fragen Sie die Österreicher um Rat, die haben eine Menge Berge mehr als wir. Spätestens zur Skisaison müssen die Gipfel dort wieder stabil sein. Da darf keiner mehr von dem Desaster reden.«

Heinemann nickte. Er hatte Soller nicht alle Informationen weitergegeben. Er würde die Evakuierung sofort anordnen und das Expertenteam ermitteln lassen. Nach ein paar gezielten Sprengungen an den Hotspots könnte man zumindest verkünden, dass keine akute Gefahr mehr für den Mittelgebirgszug bestünde.

2

Die Nacht war bewölkt und stockdunkel, als ich zusammen mit den Wanderern den Drachen auf ihrem Weg in die Freiheit folgte. Die letzten drei Tage hier unter den Bergen hatten mein ganzes Leben auf den Kopf gestellt. Ich war gezwungen umzudenken.

Was bedeutete »Realismus«? An Vorgaben zu glauben, die nichts weiter als menschengemacht waren? Dingen zu folgen, die wir bereits erforscht haben? Aber was ich erlebt habe, als Lothar Sonnleitner und sein Stiefsohn mit den Drachen kommunizierten, als handle es sich um Humanoiden, war ebenfalls Realität.

Ich habe ja mit eigenen Augen gesehen, wie die Riesenechsen auf Körpersprache und Symbole, die die beiden Männer in den Staub kratzten, reagierten.

Als die jahrhundertealten Kreaturen südlich des Zwercheckgipfels unterirdisch mit ihren Krallen, Schwänzen und dem Feuer aus ihren Rachen einen Riss im Gestein zu einem bombastischen Krater erweiterten, wussten sie offensichtlich, dass dies Teil ihrer Rettungsmaßnahme war. Ob sie die Fluchtroute in ihr neues Leben vollständig umsetzten, konnte ich nur hoffen. Lothar Sonnleitner hatte ihnen die Route mit einem Stein in den Boden geritzt. Möglicherweise würden sie instinktiv den Weg in die Freiheit finden.

Auf jeden Fall definierte ich ab diesem Zeitpunkt den Ausdruck »Realismus« völlig anders.

Reale Dinge waren die, die passierten, nicht nur die, die in unser Konzept passten.

Beide Drachen schleppten sich in geduckter Stellung durch den relativ engen Stollen, der zum See hinabführte. Ihre Flughäute schrammten am Fels entlang.

Ob die Flügel noch funktionieren würden? Oder wären die Giganten für immer an die Erde gebunden und dem Untergang geweiht?

Wir folgten ihnen in gebührendem Abstand.

Feuer – Steine – Ungeheuer, fuhr mir durch den Kopf. Allerdings verband ich mit dem letzten Begriff nicht mehr die Tiere, die man in Furth im Wald töten wollte. Wir Menschen waren die Ungeheuer, das sah ich genauso wie Gregor.

Dann tauchte das Weibchen in den Teufelssee ein. Trotz ihrer Größe glitt sie geschickt dahin, als wäre sie ein Fisch. »Rotkralle« folgte ihr leicht zögerlich. Lothar, der unsere Gruppe anführte, stoppte uns mit der rechten Hand in der Bewegung und flüsterte: »Beobachtet die *Draminimas.* Sie spüren die Abreise der beiden Riesen.«

Ich legte meinen Arm beiläufig um Gina, die am Ende ihrer Kräfte zu sein schien. Außer dem Proviant aus vier Rucksäcken – Chloe hatte ihren beim Sturz in die Spalte verloren – hatten wir hier unten drei Tage lang keine anständige Mahlzeit zu uns genommen.

Wir blickten gleichzeitig zur Decke und sogen, trotz der angespannten Situation, die unvergleichliche Schönheit des Lichtspiels auf, das sich uns nun bot. Die winzigen Flieger wippten mit ihren Schwänzen in einem unbekannten Takt und Wellen aus verschiedenfarbigem Licht fluteten über uns hinweg.

Um ein Haar hätte ich vergessen, meinen weit geöffneten Mund wieder zu schließen.

»Die *Draminimas* leben in Symbiose mit den Großdrachen«, merkte Gregor nun leise an. »Sie ernähren sich vermutlich von Parasiten, die die Giganten unter ihren Schuppen tragen. Dafür spenden sie den Artgenossen stets genügend Licht, um die empfindlichen Augen zu schonen. Fünfhundert Jahre in völliger Dunkelheit würde auch für solche Lebenskünstler die absolute Erblindung bedeuten. Und mit ihrem Farbenspiel führen diese fliegenden Winzlinge intelligente Unterhaltungen. Von dieser Art Leben haben wir Menschen keine Ahnung. Ich frage mich nur gerade, was sie tun werden, wenn ihre Nahrungsspender nicht mehr hier …«

»Nun kommt, die Zeit drängt«, unterbrach Lothar seinen Stiefsohn. Seid ihr alle bereit, die kurze Distanz nach draußen zu schwimmen?«

Alle nickten, bis auf Gina. Sie schluchzte hemmungslos. Ich zog sie eng an mich. »Bleib dicht bei mir«, flüsterte ich. Es ist nicht weit.« Dann begaben auch wir uns ins dunkle, eiskalte Nass.

Als wir am Kieselstrand des Teufelssees ankamen, erblickten wir bereits die beiden Drachen, die am anderen Ufer im Wasser standen. Als hätte uns jemand ein geheimes Kommando erteilt, fassten wir uns alle an den Händen. Keiner redete mehr ein Wort. Die monströsen Wesen würden zu einem langen Flug aufbrechen, das Mittelmeer überqueren und dort siedeln, wo wir Menschen ohnehin bald keine Überlebenschance mehr hätten, wenn der Klimawandel mit harter Faust zuschlüge. Der perfekte Zeitpunkt war jetzt. Das Gebiet, das die Tiere in geringer Höhe durchfliegen mussten, war, dank Lothars Anruf, evakuiert worden.

In diesem Augenblick ließ das Weibchen ihren schrillen Raubvogelruf ertönen. Wir erschraken. Wenige Sekunden später strömten Myriaden von *Draminimas* aus dem steinernen Tor, das der See lange verborgen hatte. Die Luft war erfüllt von einem Sirren und Rauschen. Sie formierten sich zu einer gigantischen Wolke aus fliegenden Lichtpunkten und hüllten die Drachen ein. Das Spektakel dauerte mehrere Minuten.

»Goldschuppe« war die Erste, die ihre Flughäute vom Körper löste und sie probehalber durch die nächtliche Luft streifen ließ. Das dumpfe Wummern schmerzte in meinen Ohren.

Nun folgte »Rotkralle« dem Beispiel des Weibchens. Geschickt hielten die *Draminimas* dabei Abstand zu ihren riesigen Artgenossen.

Dann hob »Goldschuppe« ab, katapultierte sich mit mächtigen Flügelschlägen in die Luft. Von ihren Krallen tropfte Wasser in den See. »Rotkralle« folgte ihr sofort. Die Oberfläche des Gewässers geriet in heftige Bewegungen. Wellen schossen ringförmig auf das Ufer zu. Ein weiterer Ruf des Weibchens ertönte und wie auf ein geheimes Zeichen hin, erloschen Millionen von Lichtpunkten, die die riesigen, fliegenden Körper einhüllten wie ein Kokon. Die seltsame Formation gewann rasch an Höhe und verschmolz mit der Nacht.

»Welch kluge Idee, sich vor den Blicken der Menschen zu verbergen. Auf dem Radar werden die beiden Drachen nur als Vogelschwarm zu erkennen sein«, sagte Lothar leise. Seiner Stimme war anzuhören, dass er mit den Tränen kämpfte.

Neben mir flammte die erste Stirnlampe auf. Schweigend machten wir uns auf den Rückweg.

3

Müffelnd nach altem Schweiß und verdreckt betrat ich die Pension »Osserstern« einen Tag später. Die Evakuierung war wieder aufgehoben. Man hatte entlang der Risse im Gestein gezielt

Sprengladungen angebracht, um instabile Felsbrocken zu lösen. Schweres Gerät schob das Geröll in die Spalten. Lediglich der Krater südlich des Zwerchecks war weiterhin abgesperrt.

Diese Informationen spuckte das Autoradio meines Polo aus, der fünf ausgehungerte Menschen auf leeren Straßen zurück nach Lohberg kutschierte.

Vermutlich wird ein Höhlenforschungsteam hinabsteigen und dann auf seltsame Kratzer und Symbole im Staub stoßen, ging mir dabei durch den Kopf.

Am Ortseingang setzte ich die Sonnleitners an ihrem Hotel ab.

Wenig später erreichte ich die Pension. Im Frühstücksraum saßen die Rezeptionistin und die Bibliothekarin, von der ich mir die Bücher geliehen hatte, zumindest eines, denn das andere hatte ich mir illegal angeeignet – Gott sei Dank. Ohne das Werk aus dem Papierkorb hätte ich dieses Abenteuer vermutlich niemals erlebt. Offensichtlich waren sie befreundet – kein Wunder, beide kannten die wahren Hintergründe und hatten eisern geschwiegen. Sie erbleichten, als sie mich sahen.

In der Pension befand sich kein weiterer Gast. Der Parkplatz war gähnend leer. Vermutlich hatten alle Touristen während der Evakuierung ohnehin ausgecheckt.

Ich nickte den Frauen nur knapp zu, dann stieg ich die Treppen hoch zu meinem Zimmer. Ich wollte nur noch weg von hier. Deswegen verzichtete ich sogar auf eine warme Dusche, packte den Koffer und machte mich reisefertig.

Als ich wieder nach unten ging, saßen beide Frauen hinter dem Tresen der Rezeption. Sie beobachteten mich schweigend. Ich bezahlte das Zimmer mit der Kreditkarte. Dann zog ich den Heimatkrimi und das alte, zerfledderte Buch mit dem Titel »Mythen unserer Heimat« aus der Seitentasche meines Rucksacks und legte beide vor den kreideweißen Damen auf den Tresen.

»Danke für die Gastfreundschaft«, brachte ich zynisch hervor. »Aber bitte schicken Sie nie mehr einen Ihrer Gäste zum ›Drachenstich‹ nach Furth im Wald.« Ich näherte mich dem Gesicht der Bibliothekarin, deren Lippen bereits zu zittern begannen. »Dort wird man nur belogen. Ritter Edmund hat den Drachen nicht getötet. Und außerdem gab es zwei davon.« Ohne ein Wort des Abschieds verließ ich das Gästehaus.

4

Eine Woche nach unserer Abreise aus Lohberg berichtete man in den Nachrichten von seltsamen Sichtungen entlang der Ostküste Spaniens und nahe Gibraltar. Mehrere Leute wollen fliegende Wolken gesehen haben, die sich zu Tageseinbruch auf den schroffen Gipfeln der spanischen Sierras niederließen. Doch so, wie es mit allen Nachrichten geschah, sie verblassten bald und überließen neuen, aufregenden News die Bühne.

Auch von den Rissen und Spalten auf den Höhen nahe der tschechischen Grenze redete niemand mehr. Spätestens wenn Schnee die Gipfel von Arber und Osser bedeckte, kämen die Horden mit ihren Skiern und Snowboards zurück.

Feuer – Steine – Ungeheuer!

Wann werden wir einsehen, dass wir unverzeihliche Fehler begehen? Wir haben uns die Natur für die Zeit auf Erden nur geliehen.

Mit Lothar, Gregor, Gina und Chloe blieb ich in Kontakt. Sie sendeten mir immer wieder Mails nach Großhadern. Wo sie all die brisanten Informationen ausgruben, die in jedem sozialen Netzwerk den Supergau ausgelöst hätten, wusste ich nicht. Es war mir auch egal. Aber Gregor schrieb mir, dass »Goldschuppe« und »Rotkralle« ziemlich sicher im Süden Algeriens eine neue Heimat gefunden hätten. Nahe der Oase Tamanrasset, am Rande eines Wüstengebirges fänden sie genügend Wasser und Nahrung. In dem dünn besiedelten Gebiet lebten wenige Beduinen, die in der felsigen Landschaft eine große, echsenhafte Spezies vermuteten, sie aber nie zu Gesicht bekamen. Ihrer uralten Religion noch immer folgend überließen sie den unbekannten Riesen gerne die verwilderten Kamele und Ziegen. Am meisten freute ich mich aber über die Bemerkung Gregors, dass die abgeernteten Hirsefelder rund um Tamanrasset regelmäßig Feuer fingen und danach fruchtbarer denn je das Saatgut der Menschen aufgehen ließen. Und noch etwas veränderte den Süden Algeriens. Eine bisher unbekannte Insektenart mit winzigen Krallen machte Jagd auf Stechmücken nahe den Tümpeln. Als ich das las, musste ich schmunzeln. Die *Draminimas* hatten ebenso überlebt. Was für ein Glück.

Gregor, Chloe und Lothar wollen im kommenden Jahr nach Algerien reisen. Vielleicht werden sie die beiden uralten Drachen zu Gesicht bekommen? Sie haben mich gefragt, ob ich Lust hätte auf ein neues Abenteuer. Ich denke darüber nach.

Den Drachen gönne ich von Herzen ein friedvolles Leben. Vielleicht wird jetzt ein Riesenei im Wüstensand ausgebrütet?

Über die Autorin

Eve Grass, geboren 1957 in Nürnberg, wo sie auch immer noch lebt, widmet sich seit 2015 intensiv dem Schreiben. Ihre Trilogie »Das Pegasosgen« wurde zwischen 2018 und 2020 beim Shadodex – Verlag der Schatten veröffentlicht. Im Frühjahr 2024 folgte ihr Roman »Welche Farbe tragen Engelsfedern?« Dazwischen erschien ihre Novelle »Stellwerk« als Band 3 der »Edition Moonflower.

Kurzgeschichten aus ihrer Feder finden sich u.a. in den Anthologien »Hale-Bopp – im Bann des Kometen« und »Dominium Terrae« (Shadodex – Verlag der Schatten). »Die Masken der Diva«, eine Kurzgeschichte, landete auf Platz 1 beim Grand Prix der Schreiberlinge 2020. Zwei Jahre später kürte der 1644 gegründete Pegnesische Blumenorden aus Nürnberg Eves Werk »Graues Briefpapier« zur Finalistengeschichte.

Vorschau

Ab dem 1. Oktober erhältlich:

»Miasma – Das Geheimnis von Clootie Close«
von P.J. Hill

Als in Edinburgh bei Bauarbeiten in einem Keller eine alte Ziegelmauer zum Vorschein kommt, auf der die Jahreszahl 1647 prangt, ahnt noch niemand, welch unheimliche Entdeckung sich dahinter verbergen und welch unglaubliche Geschichte aufgedeckt werden soll.

Textauszug:

...

Charlie zog mit unverminderter Begeisterung ihre Taschenlampe hervor und leuchtete damit den hinteren Teil des Raumes aus. »Das ist es.«

Der Lichtkegel wanderte langsam die Wand entlang. Von unten nach oben, von oben nach unten, von rechts nach links und dann wieder zurück.

Doug schob seine Brille zurecht und trat einen Schritt nach vorn. »Nicht gerade sorgfältige Handwerksarbeit«, murmelte er und ließ die Augen über die Mauer wandern, deren Ziegel offenbar sehr eilig und unter Zeitdruck gelegt worden waren. »Und ziemlich eigenartig, wenn man bedenkt, dass der Rest des Raumes mit Sandsteinblöcken gemauert wurde. Ich vermute, man hat diese Mauer im Nachhincin eingezogen …«

Seine Assistentin schüttelte den Kopf und leuchtete auf die Stelle in der Ziegelwand, wo jemand ziemlich krude die Jahreszahl 1647 eingemeißelt hatte. »Das Haus wurde 1777 gebaut. Wenn man dem hier glauben kann, dann war die Mauer schon hier, als das Gebäude errichtet wurde.«

Doug strich mit den Fingern über das raue Gestein. »Was für ein Gebäude liegt denn dahinter?«

Charlie strahlte über beide Backen. »Das ist ja das Verrückte, Doug! Laut dem Stadtplan befindet sich absolut *nichts* dahinter!«

»Was?«

»Da sollte kein Haus sein, kein Schacht, gar nichts.«

Er runzelte die Stirn und musterte dann lange die geheimnisvolle Wand. »Na ja, irgendwas *muss* dahinter liegen«

»Hast du eine Vermutung, was?«

Doug zuckte die Schultern. Er brachte es nicht über sich, seiner begeisterten Assistentin zu sagen, dass sie vielleicht nur den verlassenen, leeren Keller eines längst abgerissenen Hauses entdeckt hatten. Ein Stadtarchäologe war in der Regel kein

Indiana Jones und viele Entdeckungen waren leider viel unspektakulärer als der Kristallschädel oder die Bundeslade.

»Wir werden sehen«, sagte er, um Charlies Enthusiasmus nicht völlig zu zerstören. »Die Studis sollen das Ganze dokumentieren, anschließend gehen wir mit der Sonde durch einen Spalt und werfen einen Blick hinter das Ding. Vielleicht wissen wir dann mehr.«

»Den Spalt werden wir noch schlagen müssen«, wandte Charlie ein und leuchtete ein weiteres Mal jede Ritze aus. »In dieser Wand gibt es nicht den kleinsten Riss.«

Und tatsächlich. Im Licht der Taschenlampe ließ Doug die Hand über die Mauer wandern, doch so sehr er auch suchte, er fand nicht den winzigsten Sprung, das kleinste Loch. Als habe man vor langer Zeit diese Mauer zwar in allergrößter Eile fertiggestellt, aber gleichzeitig darauf geachtet, dass nicht einmal ein Stäubchen hindurchgelangen würde.

»Ich möchte den Schaden so klein wie möglich halten«, sagte er und deutete auf eine Stelle im Mauerwerk, die ihm passend schien. »Wir bohren hier. Nur so breit, dass wir die Sonde einführen können. Und wenn wir wissen, womit wir es zu tun haben, dann entscheiden wir weiter.«

Gesagt, getan.

Nachdem die Studenten alles dokumentiert hatten und ein kleines Loch für die Sonde gebohrt war, führte Charlie am frühen Nachmittag endlich vorsichtig und mit routinierten Handgriffen die kleine Kamera durch die Wand. Derweil verfolgte Doug jede Bewegung des cleveren kleinen Geräts auf dem Bildschirm seines Laptops.

Im Licht ihrer eingebauten LED-Lampe eröffnete sich Doug ein Anblick, mit dem er hier unten im Leben nicht gerechnet hatte.

»Da ist eine Gasse«, flüsterte er ungläubig. Er lehnte sich nach vorn und starrte mit weit aufgerissenen Augen auf den Monitor. »Ich kann die Fassaden von Häusern sehen und, wie ich glaube, sogar einen alten Karren. Unfassbar.«

»Eine Gasse?« Mason reckte den Kopf, um einen besseren Blick zu bekommen. »Das ist doch nicht möglich!«

»In Edinburgh schon«, erwiderte Charlie, die sich in der Zwischenzeit begeistert zu ihnen gesellt hatte. »Diese Stadt ist nie wirklich in die Breite gewachsen, sondern immer in die Höhe. Wenn der Platz für die wachsende Bevölkerung nicht mehr ausreichte, dann baute man einfach obendrauf, ein Stockwerk über das andere, bis irgendwann ganze Straßen unter der Erde verschwanden. Von diesen

Closes gibt es heute in der Altstadt noch jede Menge.«

Der junge Amerikaner wirkte wenig überzeugt. »Aber wie kann eine ganze Straße einfach so in Vergessenheit geraten? Wie crazy ist das denn?«

»Vierhundert Jahre sind eine lange Zeit«, erwiderte Doug und versuchte sich nicht anmerken zu lassen, wie sehr das jüngste Mitglied seines Teams ihn wieder einmal nervte, als Mason einen Arm hob, sich selbst an der Achsel schnüffelte und dann fragte, ob jemand auch Honig oder so röche. »Damals war Ihr geliebtes Amerika noch ein bedeutungsloses Hinterland, während im Rest der Welt der Bär tobte …«

»Aber …«

»Klappe, Kurzer. Lesen Sie einen Reiseführer oder googeln Sie es nach«, murrte er. »Ich habe jetzt wirklich keine Zeit für ausschweifende Erläuterungen … Charlie, wir gehen da rein.«

»Yessss!« Die Augen der jungen Frau leuchteten, als hätte Doug ihr eröffnet, sie würden das Grab von Tutanchamun öffnen. »Eine unberührte *Close* aus der Zeit der großen Pest. Das ist so cool!«

Mason schien nicht halb so begeistert. Und natürlich meldete er sich ungefragt ein weiteres Mal zu Wort. »Was soll das heißen, große Pest? Ist es gefährlich da drinnen?«

Doug warf dem jungen Mann einen weiteren genervten Blick zu. »Vierhundert Jahre …«, wiederholte er. »Yersinia pestis überlebt selbst bei idealen Bedingungen bestenfalls ein paar Wochen außerhalb des Wirtskörpers. Sie können also entspannt aufatmen.«

Mason musterte die Ziegelmauer skeptisch und deutete dann hinter sich zu der Treppe, die zurück an die frische Luft führte. »Ich denke, ich checke oben die Ausrüstung.«

Doug rollte die Augen. »Tun Sie das, Mason.«

»Ich glaube, ich helfe dir«, murmelte die Kleine aus Dundee und huschte eilig hinter ihm her. »Warte auf mich!«

»Sei nicht so streng mit ihm«, flüsterte Charlie, als sich die beiden Studenten zurück in die Oberwelt verzogen hatten. »Nicht jeder ist für diesen Job gemacht.«

Doug verkniff sich einen entsprechenden Kommentar. Bezüglich dieses Jungen gingen seine und Charlies Meinung einfach viel zu weit auseinander.

Er legte eine Hand auf die Mauer und zeichnete mit dem Finger einen Bereich nach. »Hier brechen wir die Mauer auf, allerdings nur weit genug, dass wir durchschlüpfen können. Ich will die *Close* nicht unnötig kontaminieren.«

…